조용한 아침의 나라를 깨운 근대 신문물 이야기
최초사 박물관

초판 1쇄 발행 2018년 1월 10일 **초판 3쇄 발행** 2020년 1월 5일
글쓴이 김영숙 **그린이** 심수근
펴낸이 이영선
책임편집 김문정
편집 강영선 김선정 김문정 김종훈 이민재 김연수 이현정 **디자인** 김회량
독자본부 김일신 김진규 정혜영 박정래 손미경 김동욱
펴낸곳 파란자전거 **출판등록** 1999년 9월 17일(제406-2005-000048호)
주소 경기도 파주시 광인사길 217(파주출판도시) **전화** (031)955-7470 **팩스** (031)955-7469
홈페이지 www.paja.co.kr **이메일** booksea21@hanmail.net

ⓒ 김영숙 · 심수근, 2018
ISBN 979-11-88609-02-4 73910

이 도서의 국립중앙도서관 출판예정도서목록(CIP)은 서지정보유통지원시스템 홈페이지(http://seoji.nl.go.kr)와
국가자료공동목록시스템(http://www.nl.go.kr/kolisnet)에서 이용하실 수 있습니다.(CIP제어번호: CIP2017033641)

* 사진을 제공해 주시고 게재를 허락해 주신 분들께 감사드립니다. 일부 저작권을 찾지 못한 사진은
  확인되는 대로 정해진 허가 절차를 밟도록 하겠습니다.
* 이 책에 사용된 사진은 저작자의 허락을 받아 게재한 것이므로 무단 전재와 복제를 금합니다.

파란자전거는 도서출판 서해문집의 어린이 책 브랜드입니다. 페달을 밟아야 똑바로 나아가는 자전거처럼
파란자전거는 어린이와 청소년이 혼자 힘으로도 바르게 설 수 있도록 도와줍니다.

어린이제품안전특별법에 의한 제품 표시
제조자명 파란자전거 **제조년월** 2020년 1월 **제조국** 대한민국 **사용연령** 만 9세 이상 어린이 제품

조용한 아침의 나라를 깨운 근대 신문물 이야기

최초사 박물관

김영숙 글 | 심수근 그림

파란자전거

 글쓴이의 말

'바람'난 조선의 '최초들' 관람하듯 유람하듯 읽어 보자!

만약 서울 시내 한복판에 상투를 튼 사람이 걸어간다면 사람들의 눈을 사로잡을 거야. 하지만 기이하게 여기거나 크게 놀라는 사람은 없을 것 같아. 왜냐하면 그런 차림이 예전에 있었다는 것을 알기 때문이지. 그런데 난생처음 접하는 문물과 생활 양식이 한꺼번에 쏟아져 들어온다면 어떨까? 글로벌 시대라서 워낙 다양한 세상을 실시간으로 접하기는 해도 아마 삶의 전반에 변화가 생긴다면 한 번에 적응하긴 쉽지 않겠지?

우리 역사는 변화와 발전을 거듭하며 지금에까지 이르렀는데, 가장 짧은 시기에 가장 급격한 변화를 맞이하는 시대가 '근대'가 아닐까 싶어. 역사를 터널로 비유한다면, '근대'의 터널은 그 안과 밖이 완전히 딴 세상으로 변화되는 시기였어.

조용하던 조선이 항구를 열자 개화라는 이름의 변화의 '바람'이 무섭게 불어닥쳤어. 정말로 '세상'이 변했어. 한복 입고 가마 타던 조선의 도령과 아기씨가 '모던뽀이', '모던걸'로 짠하고 변신하던 때였으니까. 어디 모던뽀이, 모던걸뿐인가? 전에 없던 신문물과 신문화가 물밀 듯이 밀려들어 왔어. 그야말로 '최초'라는 이름의 온갖 것들이 줄줄이 조선에 들어왔지.

이 책은 변화의 바람 앞에 선 조선의 이야기를 박물관 전시의 형식으로 꾸몄어. 전

시설 하나하나에 담긴 역사는 마치 울고 웃는 한 편의 드라마 같기도 하고, 잘 짜인 파노라마 같기도 하고, 기상천외한 새로운 제품을 선보이는 박람회 같기도 해. 그만큼 조선에서 현대로 건너오는 '근대'라는 길목은 변화무쌍한 시기였어.

제1전시실은 〈'바람' 잘 날 없는 조선〉이란 주제로 엮었어. 조용한 아침의 나라가 얼마나 거센 변화의 '바람'을 맞았기에 항구를 열게 되었는지, 그 거센 '바람'은 조선을 어떻게 뒤흔들었는지 알 수 있어. 변화의 바람은 항구에만 불었던 게 아니었거든. 양반, 지식인, 농민, 군인, 천민 할 것 없이 조선은 변화의 기로에 서게 되니까. 조선에 분 '바람'의 물결은 조선을 어떤 방향으로 몰고 갔을까?

제2전시실은 〈'통(通)'하는 세상, '신(新)'나는 조선〉이야. 말하자면 통신에 관련된 조선의 최초들을 이야기하고 있어. 최초의 우표부터 최초의 전화, 최초의 전차, 최초의 기차, 최초의 자동차, 최초의 전기, 최초의 등대까지! 정말 통(通),하니 신(新),나지 뭐야! 지금도 통신이 발달할수록 새로운 걸 금방금방 접하고 재밌거리들도 한층 늘어나잖아. 안타까운 것은 조선의 통신 시설은 일제의 검은 욕망을 숨기고 있어 조선의 근대화에는 그늘이 서려 있다는 점이야. 그 뒷이야기도 제2전시실에서 만나 보길!

제3전시실은 〈조선의 살림살이는 나아졌나〉야. 조선 말에 불어닥친 경제의 변화를 이야기하고 있어. 새롭고 재미있는 이야기들도 많지만, 우리 경제사의 그늘진 부분을 마주하게 되는 것은 역시나 안타까운 일이야.

제4전시실은 〈복음과 함께 들어온 교육과 의료〉야. 선교사들이 들어오면서 종교와 함께 개화의 물결이 밀려들거든. 우리나라 교육과 의료에 근대화가 시작되는 때가 바로 이때야. 교육에도 예외 없이 '신'바람이 불면서 근대적인 학교가 늘어나고, 여성의 교육이 확대되는 것은 아주 큰 변화 중의 하나였어. 하지만 일제 강점기를 거치면서 우리 교육의 암흑기를 맞이하는 것은 정말 가슴 아픈 일이었지.

제5전시실은 〈한글, 민중, 그리고 여성〉이야. 우리나라 언론이 어떻게 변화하는지를 잘 보여 주고 있어. 민중을 위한 최초의 한글 신문이 탄생하고, 불특정 다수를 위한 잡지가 창간되고, 최초의 방송이 전파를 타고, 여성이 특종 기자로 우뚝 서기도 하는 큰 변화가 일어나지. 일제의 검열 속에서 맘껏 속 시원히 우리의 목소리를 내지 못하던 아픔이 있기도 했지만 말이야.

제6전시실은 〈모던뽀이, 모던걸 탄생하다!〉야. 여기서 만나게 되는 이야기는 근대의 신세대, 신문화의 이야기야. 최초의 호텔, 최초의 사진관, 최초의 공원과 짜장면, 중절모에 '딴스'를 추던 모던뽀이들, 최초의 원형 극장, 최초의 이발소와 미장원 등 멋쟁이 신사, 숙녀들이 새로운 문화와 예술의 매력에 흠뻑 젖어들던 이야기가 풍성히 담겨 있어.

《최초사 박물관》은 한 권의 책이지만 관람하듯, 유람하듯 읽게 될 거야.

'바람'난 조선의 최초들, 관람하듯 유람하듯 읽어 보자~!

김영숙

글쓴이의 말

'바람'난 조선의 '최초들' 관람하듯 유람하듯 읽어 보자! • 4

제 1 전시실

개항
'바람' 잘 날 없는 조선

1 조용한 아침의 나라, 항구를 열다 • 15
2 이양선이 나타났다! • 19
3 '잘못된 만남'에서 이룬 '밀당'의 결과, 개항 • 21
4 근대 국가를 꿈꾸다 • 26
5 동학 농민 혁명, 자주와 평등을 외치다 • 35
6 바람에 밀려 밀려 치욕의 시대로 • 42

제 2 전시실

교통과 통신
'통通'하는 세상, '신新'나는 조선

1 역사 속으로 사라진 비운의 우표 • 53
2 역사를 바꾼 전화 한 통화 • 57
3 물렀거라, 쇠 당나귀 나가신다! • 65
4 조선 땅에 뚫린 '검은' 철길 • 72
5 임금님의 첫 자동차 스타일 Up? Down? • 77
6 신문명의 빛이 밤을 밝히다! • 84
7 조선의 바다에 등대를 밝히다 • 91

제 3 전시실

경제
조선의 살림살이는 나아졌나

1 외국 기업 세창양행, 조선인에게 '고백'한 사연 • 99
2 토종 백화점 화신, 일본 백화점에 맞서다 • 106
3 최초의 곡물 경매 시장이 열리다 • 110
4 참새가 방앗간을 지나쳐 정미소로! • 115
5 최초의 은행 대출 담보가 당나귀라고? • 118

제 4 전시실

교육과 의료
복음과 함께 들어온 교육과 의료

1 복음과 함께 들어온 개화의 물결 • 126
2 갑신정변 때문에 최초의 서양 병원이 생겨났다고? • 130
3 교육에도 예외 없는 신바람 열풍 • 140
4 "밥 짓고 옷 짓는 일만 여자 일 아니외다!" • 145
5 남녀평등은 교육으로부터! 신여성의 산실 여학교 • 150

제 5 전시실

언론
한글, 민중, 그리고 여성

1 민중을 위한 쉬운 신문이 태어나다 • 161
2 "대한으로 하여금 소년의 나라로 하라" • 167
3 최초의 방송이 전파를 타다 • 175
4 떴다 하면 특종, 했다 하면 원조! • 183

제 6 전시실   **문화와 예술**
모던뽀이, 모던껄 탄생하다!

1 개항장 인천에 들어선 최초의 호텔 • 192
2 서화가 출신 사진사, 사진관을 열다 • 196
3 개항장 인천에 자리한 작은 지구촌 • 202
4 다방에서 만난 모던뽀이, 숭설보에 반스를 추나 • 207
5 로마식 원형 극장 본뜬 최초의 옥내 극장 • 212
6 개화의 바람 속에 생겨난 신종 직업 • 217
7 얼굴을 곱게 하는 곳에서 지지고 볶는 파마, 신여성의 상징 • 222

부록 조용한 아침의 나라를 깨운 개화당 인물 열전 • 227

1
**조용한 아침의 나라,
항구를 열다**

근대의 시작

2
이양선이 나타났다!

병인양요와 신미양요

3
**'잘못된 만남'에서 이룬
'밀당'의 결과, 개항**

강화도 조약

4
근대 국가를 꿈꾸다

갑신정변

제 1 전시실

'바람' 잘 날 없는 조선

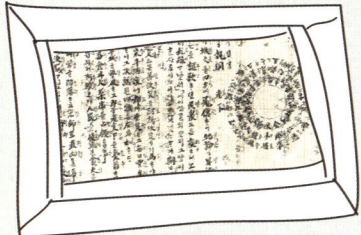

5

동학 농민 혁명, 자주와 평등을 외치다

동학 농민 혁명

6

바람에 밀려 밀려 치욕의 시대로

을미사변과 을사늑약

개항

우리는 언제부터 지금처럼 살았을까? 초가나 기와가 아닌 서양 주택에, 한복 대신 양복을, 양식에 중식에 일식을 언제든 먹을 수 있고, 국악이 아닌 서양 음악을 즐겨 듣고, 주막이 아닌 호텔을, 빨랫방망이가 아닌 세탁기를, 호롱불이 아닌 전깃불을 이용하고, 우마차가 아니라 자동차를 타고 다니는……. 지금의 생활이 과연 언제부터 가능했을까? 한 집 걸러 한 집이 있을 정도로 흔해 빠진 미용실과 커피숍은 또 언제부터 생겼고?

지금 생각하면 신기할 것도, 이상할 것도 없는 일 같지만, 삼국 시대와 조선 시대만 해도 1,000년이 훨씬 넘는 시간적 차이에도 불구하고 의식주가 혁명적으로 바뀌지는 않아. 치마와 저고리 길이가 길어지거나 짧아지고, 새로운 조리법을 이용하고, 집의 모양새가 조금 바뀌기는 해도 아주 딴 나라처럼 삶의 양식이 바뀌지는 않지.

그런데 조선이 끝나 가던 구한말에는 불과 몇 년 사이에 딴 나라가 된 거 아닌가 싶을 정도로 큰 변화를 맞게 돼. 정말이지 단시간에 이루어진 급격한 변화였어. 우리나라에 불어닥친 급격하고 새로운 변화, 이것이 **근대화**야.

'근대화'라는 말을 좀 더 쉽게 풀어 보자면, 지금에 가까운 모습으로 변화한 것 정도로 할 수 있어. 그러니까 언제부터 우리가 지금처럼 살게 되었나, 하는 물음은 근대화가 언제부터 시작되었나 하는 물음과 같다고 할 수 있지.

근대화가 100m 달리기처럼 출발점을 정해 놓고 '준비, 시작!' 하고 시작된 건 아니야. 인간의 삶과 역사란 많은 것이 복잡하게 얽혀 있어서 그렇게 단순하지 않으니까. 그럼에도 불구하고 학자들은 근대화가 시작된 바로 그 **근대**라는 시기가 언제부터인가 하는 문제를 두고 많은 고민과 논란을 벌여 왔어. 의견이 분분한 가운데서도 많은 학자들이 동의하는 근대의 시작은 1876년이야! 대체 1876년에 어떤 무시무시한 일이 있어났기에……?

1876

근대의 시작 1

조용한 아침의 나라, 항구를 열다

1876년은 조선과 일본 사이에 '강화도 조약'이 체결된 해야. 우리나라 최초의 국제 조약이었고, 이것 때문에 우리나라 최초로 외국 사람들에게 항구를 개방하게 되었어. 안타깝게도 우리나라 최초의 불평등 조약이란 꼬리표도 함께 달게 되었지만…….

제너럴셔먼호
1866년 미국이 평양 대동강에 상륙할 당시 탑승한 상선이다. _ ⓒ 한미우호협회 항구를 열어 외국 배들이 드나들게 하는 것은 그리 단순한 일이 아니었어. 생각보다 큰 파장이 일었지. 이때부터 계속해서 온갖 것들의 **최초**가 생겨나거든. 이 때문에 강화도 조약을 근대의 시작으로 보는 것이지. 이 시기를 거쳐 '옛날' 하면 떠오르던 '구식' 조선이 '신식'으로 바뀌어 지금에 이르렀으니까. 강화도 조약은 우리 역사는 물론이고 지금 우리 삶에도 직접적인 영향을 미친 사건임에 틀림없어. 이 때문에 많은 학자들이 1876년의 강화도 조약부터 광복 이전까지의 시기를 우리 역사의 '근대사'로 보고 있어. 1876년의 **강화도 조약**, 그리고 **개항**은 우리 역사를 **근대**라는 새로운 흐름으로 이끈 중요한 사건이야.

개항이 좀 더 빨랐다면 우리는 훨씬 더 빨리 근대화를 이루었을지도, 반대로 더 늦었다면 우리는 아직도 조선에 가까운 모습으로 살고 있을지 몰라. 그런데 조선의 개항은 어느 날 갑자기 혹은 우연히 일어난 사건이 아니야. 조선을 개항으로 몰고 간 바람, 조선의 개항이 몰고 온 바람은 대체 무엇일까?

18세기 중엽 유럽의 산업 혁명이 성공하기 전에는 동아시아가 세계 문명을 주도하던 시기가 있었어. 중국은 그 이름처럼 세계의 중심이란 자부심이 있는 나라였어. 조선 역시 중국을 큰 나라라 여기며 따를 만하다고 여겼어. 그런데 1840년 신식 무기를 앞세운 영국이 아편 전쟁*을 일으켜 중국을 짓밟더니, 이어 프랑스와 러시아까지 중국 대륙을 짓밟고 불평등한 조약을 맺기에 이르렀어. 세계의 중심이라던 중국은 맥없이 유럽 열강의 먹잇감이 되고 말았어.

> **아편 전쟁** 1840년 중독성이 강한 약물인 아편 문제를 둘러싸고 청나라와 영국 사이에 일어난 전쟁. 1842년에 청나라가 패하여 난징 조약을 맺음으로써 끝이 났다.

일본 역시 흑선이라 불린 서양 군함의 기세에 눌려 강제로 항구를 열 수밖에 없었어. 중국과 일본이라는 큰 먹잇감을 먹어 치운 서양 세력이 그다음에는 조선을 향해 달려들 건 예견된 현실이나 다름없었어.

그러나 조선은 서양 세력의 의도를 알아차리지 못했어. 외척이 위세를 떨치던 조선 왕실은 변화하는 세계정세에 눈 돌릴 겨를이 없었어. 그런 와중에 우리 역사에 전무후무한 대원군 시대가 열렸어. 대원군은 왕의 아버지를 높이는 칭호야. 고종을 대신해 정치에 나선 흥선대원군 이하응은 조선의 체제를 정비하기 위해 다른 나라와 통상과 교역을 금지하는 쇄국 정책을 고수했어. 개항을 요구하는 서양 세력과 전쟁을 치르면서까지 쇄국을 고집했으니, 당시 세계의 흐름을 거스르는 선택이었지. 대원군에 이어 정치에 나선 고종과 명성황후 일족은 어지러운 조선을 추스르기엔 무능하고 부패했어. 정치를 이끌 만한 엘리트 집단은 항구를 지키자는 수구와 열자는 개화로 나뉜 채 의견이 갈렸지. 조선은 스스로 강해지기에는 쇠퇴하고 허약했어.

이렇듯 바람 잘 날 없는 위기일발의 조선은 결국 항구를 열었어. 호시탐탐 기회를 노리던 일본이 강화도 조약을 강요해 왔고, 이 때문에 조선은 항구를 연 것은 물론이고, 결국 일본의 먹잇감이 되고 말았어. 조선은 일본의 식민지로 전락하고 말았지.

불어닥친 바람 앞에 조선의 왕실과 지배층은 힘없이 무너졌으나, 민중은 용감하고 위대했어. 농민들은 지배층의 횡포와 수탈에 시달리는 것도 모자라 개항 후엔 서구 세력의 침탈까지 견뎌야 했어. 이때 만민 평등 사상과 반외세 사상을 내세운 동학이 농민에게 한 줄기 빛이 되면서 큰 호응을 얻었어. 전국적으로 동학이 불같이 번져 반봉건, 반외세를 외치는 동학 농민 혁명이 일어났어. 처음에는 농민 스스로 살기 위한 몸부림이었으나 이후의 봉기는 외세로부터 나라를 지키려는 성격이 강했어. 비록 성공하지 못했지만 그 정신은 항일 의병 운동과 국권 회복 운동으로 계속 이어 나갔어.

바람 잘 날 없는 조선이 항구를 열기까지, 그 숨 가쁘고 치열했던 현장으로 함께 가 볼까?

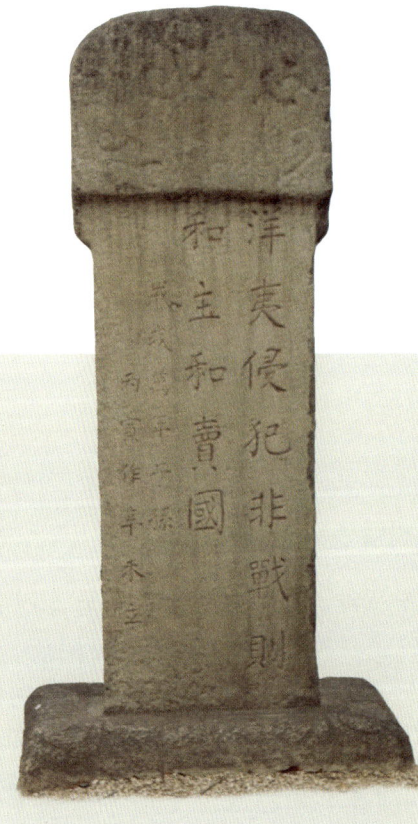

절두산 척화비
'서양 오랑캐가 쳐들어올 때 싸우지 않으려면 화친을 해야 하는데, 화친을 하는 것은 곧 나라를 팔아먹는 일이다.'란 뜻의 글을 새겨 전국 각지에 세운 흥선대원군의 척화비다.

2 병인양요와 신미양요

이양선이 나타났다!

흥선대원군이 어린 고종을 대신해 집권할 무렵, 조선은 안동 김씨가 60년 넘게 세도를 부려 온 터라 왕권은 무너지고 정치는 엉망이었어. 양반들의 횡포로 농민들의 삶은 고단하기만 했지. 이런 분위기 속에서 경주 사람 최제우가 '사람이 곧 하늘이다.'라고 주장하며 동학을 창시해 농민들 속으로 빠르게 파고들었어. 거기다 외국에서 들어온 천주교는 평등사상을 앞세워 세력을 확장하고 있었지. 나라 안 사정이 이러한데, 서양의 배들은 수시로 조선 해안가에 출몰해 개항을 요구했고 전쟁이 일어나기까지 했어.

신미양요 때 초지돈대를 점령한 미군들의 모습이다. 미군들은 돈대를 점령한 뒤 돈대 내의 무기고 등 군사 시설을 모조리 파괴하고 포대에 남아 있는 대포들을 파괴하거나 강화 해협으로 굴려 버렸다.
_ ⓒ 토머스 두베니, 강화군청

개항_ '바람' 잘 날 없는 조선

흥선대원군은 개항을 허락하지 않고 서양인과 내통하지 못하도록 천주교의 확산을 막았어. 천주교를 탄압하면서 조선에 와 있던 프랑스 신부를 처형했는데, 프랑스는 이것을 빌미로 강화도를 침략해 사과와 손해 배상, 통상을 요구해 왔어. 흥선대원군은 이를 거부하고 전쟁을 선포했고, 이것이 바로 1866년 **병인양요**야. 프랑스는 재물을 약탈하고 철수했는데, 오랫동안 프랑스에 있다 돌아온 외규장각 도서도 이때 약탈당했던 문화재야.

그로부터 5년 후, 비슷한 방식으로 미국이 조선에 쳐들어왔어. 병인양요가 일어나던 해에 미국 상선인 제너럴셔먼호가 대동강을 타고 와서 통상을 요구한 일이 있었어. 평양의 관리들은 외국과의 통상이 금지되어 있으니 물러가라 했지만 미국 상인들은 조선 관리들의 말을 무시하고 육지에 상륙해 행패와 약탈을 자행했어. 화가 난 평양 사람들이 제너럴셔먼호를 불사르면서 미국 선원들이 목숨을 잃었어. 미국 정부는 이 사실을 5년이 지난 1871년에 알고, 이를 빌미로 조선에 사과와 개방을 요구해 왔어. 이때도 흥선대원군은 미국의 요구를 단호히 거부하며 전쟁에 나서 미국 군대를 격퇴시켰는데, 이를 **신미양요**라 해.

신미양요 후 흥선대원군은 전국 각지에 "양이침범 비전즉화 주화매국(洋夷侵犯非戰則和主和賣國)"이란 글자를 새긴 척화비를 세웠어. 이것은 '서양 오랑캐가 쳐들어올 때 싸우지 않으려면 화친을 해야 하는데, 화친을 하는 것은 곧 나라를 팔아먹는 일이다.'란 뜻이야. 흥선대원군이 고집스럽게 밀고 나간 쇄국 정책은 조선의 자주성을 보여 주는 정책이기도 하지만, 동시에 조선의 근대화를 주변국보다 뒤처지게 한 원인이 되기도 했어.

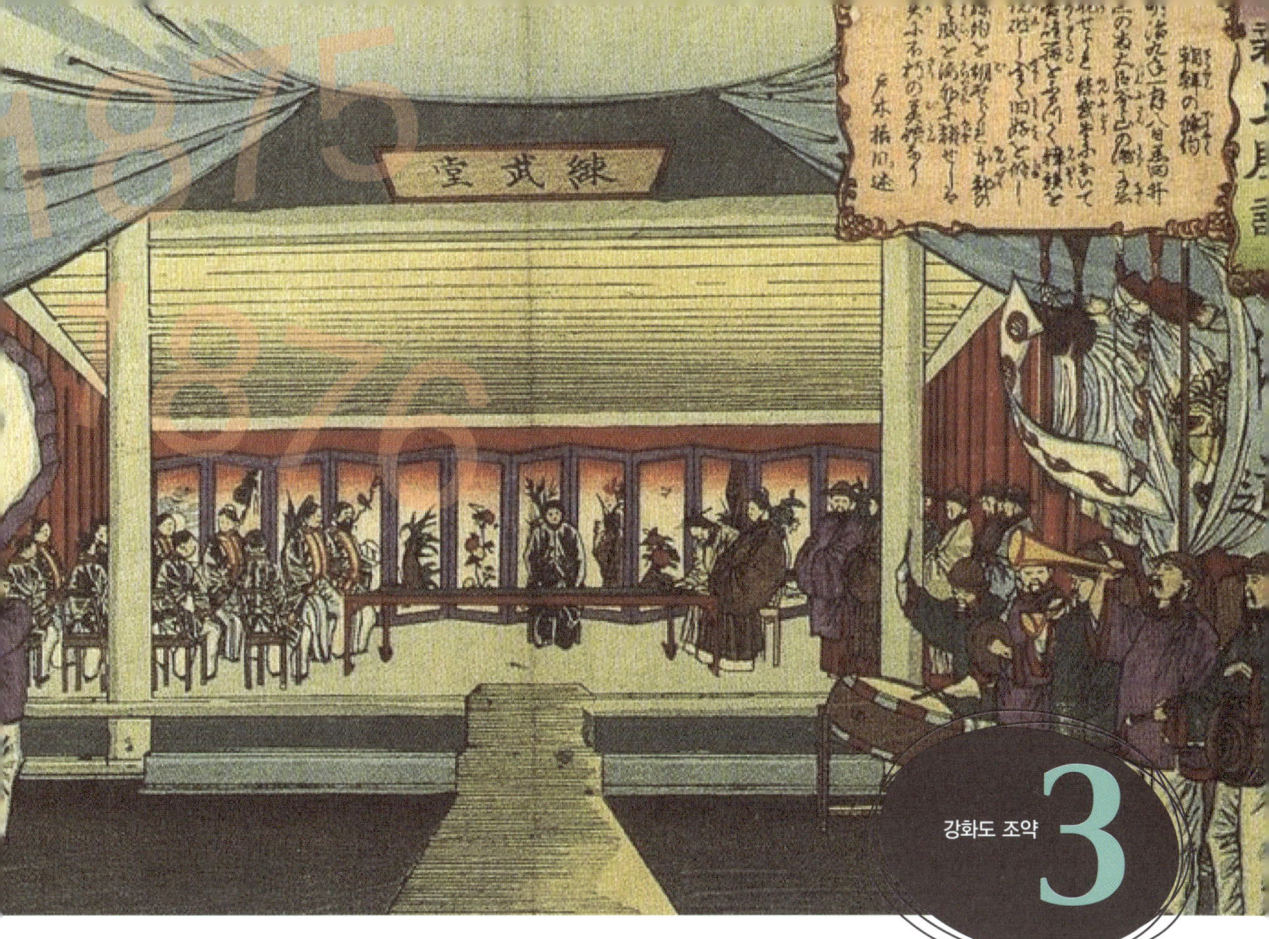

강화도 조약 3

'잘못된 만남'에서 이룬 '밀당'의 결과, 개항

조선은 하루하루가 위기의 연속이었어. 그렇지만 위기는 곧 기회라는 말이 있듯이 이때를 오히려 변화의 기회로 삼자는 이야기도 나왔어. 외국과 국교를 맺고 선진 문물을 받아들이자는 의견이었지. 그러나 여전히 서양을 침략자로 여기며 쇄국을 주장하는 사람들도 있었기 때문에 충돌은 불가피했어.

조일수호조규라고도 하는 강화도 조약 체결 당시의 모습을 묘사한 그림이다.

강화도에 포격을 가하고 강화도 조약을 맺게 한 일본 포함 운요호. _ ⓒ 해양박물관

쇄국 정책을 펼치던 흥선대원군이 물러나고 고종이 왕위에 오르자 외국과의 통상을 주장하던 박규수, 오경석, 유홍기 등이 목소리를 높였어. 고종은 개화에 대한 뜻이 있었기 때문에 이들의 요구를 받아들였지.

조선의 분위기가 바뀌고 있음을 가장 빨리 알아챈 건 일본이었어. 조선의 항구를 열어 자신들의 잇속을 챙기기 위해 치밀한 각본을 준비했어. 1875년 초겨울, 일본 군함 운요호는 아무 통보도 없이 강화도에 접근했어. 조선의 군대는 접근하지 말 것을 경고했지만 운요호가 이를 무시하고 더 가까이 오자 조선의 군대는 대포를 쏴 운요호의 접근을 막았어. 그러자 일본군은 기다렸다는 듯 마구 대포를 쏘더니 지금의 인천 영종도에 상륙해 약탈과 살인을 저질렀어.

누가 봐도 사과와 배상을 받아야 할 쪽은 조선 측이었지만, 일본은 먼저 대포를 쏜 것만 문제 삼으며 통상 조약을 강요했어. 군함을 보내 침략하고는 그 책임을 덮어씌우며 힘으로 조약을 강요한 거야. 이렇게 강대국이 함대를 앞세워 무력으로 외교를 강요하는 것을 '포함 외교'라고 하는데, 일본이 미국과 통상 조약을 맺을 때 당했던 방법을 그대로 조선에 쓴 거지.

조선 조정은 물론 백성들까지 일본의 행위를 야만적인 침략 행위라고 분노하며 조약 체결에 결사반대했어. 그러나 일부 관리들은 서양의 과학 기술을 받아들이는 것이 나라 발전에 도움이 되니 이번 기회에 일본과 조약을 맺어 근대화에 나서자고 주장하기도 했어.

고종은 결국 조약을 맺는 쪽을 선택했어. 개화에 뜻이 있기도 했지만, 전쟁을 피하기 위해서는 조약을 맺어야 한다고 결론을 내린 거야. 결국 조선은 일본이 침략을 자행한 강화도에서 서로 왕래하며 무역 활동을 하자는 조약을 맺기에 이르렀어. 이것이 바로 1876년 **강화도 조약**이야.

강화도 조약은 국제법에 따라 조선과 일본이 대등한 입장에서 체결한 우리나라 최초의 근대적 국제 조약이야. 그러나 일본의 무력에 굴복하여 반강제적으로 맺은 조약이었고, 내용 또한 조선에 불리한 불평등 조약이었어. 일본인이 무역 활동을 할 수 있게 항구를 열어야 하고, 그곳에 일본인의 거주지도 마련해 줘야 하고, 조선에 머무르는 일본인에게는 조선 법을 적용하지 못하는 치외법권을 인정해 주어야 하고, 조선의 해안을 자유롭게 측량할 수 있게 해야 하는 등 조선에게는 불리한 내용들뿐이었어. 조선은 근대적 조약에 대한 정보가 부족하기도 했고, 일본의 술수에 넘어간 탓도 있었어.

강화도 조약 체결 이후 조선은 서구의 여러 강대국들에게도 문호를 개방함으로써 떠밀리듯 근대화의 길을 가게 되었어.

불평등한 강화도 조약

전문: 대일본국과 대조선국은 원래부터 우의를 두터이 해 온 지가 여러 해 되었으나, 지금 두 나라의 우의가 미흡해졌으니, 이에 다시 옛날의 좋은 관계를 회복하여 친목을 공고히 한다. (……)

제1관   조선국은 자주 국가로 일본국과 동등한 권리를 보유한다.

제2관   일본국 정부는 지금부터 15개월 뒤부터 수시로 조선국 수도에 사신을 파견하여 교제 사무를 토의하며, 조선국 정부 또한 수시로 사신을 파견하여 일본국 수도에서 교제 사무를 토의한다.

제3관   이제부터 두 나라 사이에 오고 가는 공문은 일본은 자국 글로, 조선은 한문으로 쓰되 지금부터 10년 동안은 따로 한문 번역본을 첨부한다.

제4관   지금까지의 무역 관례는 없애고 새로 만든 조약에 준하여 무역 사무를 처리한다. 조선 정부는 부산 외에 제5관에 제시한 항구를 개항하여 일본국 인들이 오가며 통상하게 한다.

제5관   경기, 충청, 전라, 경상, 함경 5도 중에서 연해의 통상하기 편리한 항구 두 곳을 골라 개항한다.

제6관   일본 선박이 조선 연해에서 난파 위기에 처하면 가까운 항구에 정박하여 위험을 피하고 수리와 구호 등의 물자를 지원받는다. 난파자, 표류자는 해당 지방이 구원하여 본국으로 호송토록 조치한다.

제7관   일본국 항해자들이 수시로 조선국 해안을 측량하여 도면을 만들어서 양국의 배와 사람들이 위험한 곳을 피하고 안전히 항해할 수 있도록 한다.

제8관   일본국 정부는 조선에서 지정한 각 항구에 일본 상인을 관리하는 관청을 수시로 설치하고 양국에 관계되는 안건이 있으면 해당 지방 장관과 토의해 처리한다.

제9관   양국 백성들은 자유롭게 거래하며, 양국 관리들은 간섭하거나 금지할 수 없다.

제10관   일본인이 조선의 지정한 항구에서 범죄를 저질렀을 때 만일 조선과 관계되면 일본에 돌려보내어 수사, 판결하게 하며 조선인이 범죄를 저질렀을 경우 일본과 관계되면 모두 조선 관청에 넘겨서 수사, 판결하게 하되 각기 자기 나라의 법에 근거해 처리한다.

제11관   따로 통상 규정을 작성하여 양국 상인들의 편리를 도모한다. 또 보충해야 할 세칙은 지금부터 1개월 안에 조선국 경성이나 강화부에서 만나 토의 결정한다.

제12관   이상 조항을 조약으로 결정한 이날부터 양국은 성실히 준수 시행하며 우의를 두텁게 할 것이다. 이를 위하여 조약문 2본을 작성하여 양국에서 위임된 대신들이 각기 날인하고 서로 교환하여 증거로 삼는다.

4 갑신정변

근대 국가를 꿈꾸다

갑신정변 직전에 모인 개화파 핵심 인물들이다.
갑신정변의 주역인 김옥균(앞줄 가운데), 서광범(앞줄 앨범 든 사람), 유길준(뒷줄 왼쪽에서 네 번째) 등의 모습을 볼 수 있다.

조선이 항구를 열고 가장 자주 등장하는 말이 있다면 바로 '개화'일 거야. 정치권에서도 개화를 찬성하는 쪽은 개화파, 개화를 반대하고 옛것을 지키자는 쪽은 수구파라 하는데, 이 둘 사이의 세력 다툼이 결국 갑신정변으로 이어졌어. 정변이란 정치적인 큰 변동을 뜻해. 좀 더 직접적으로 말하면 정권이 바뀌는 것, 혹은 힘으로 정권을 빼앗는 경우를 말하지.

조선의 개화, 온건하게
혹은 급진적으로?

　1884년 당시 개화파는 두 부류로 나뉘어 있었어. 근대화를 추진하는 방법을 두고 의견이 달랐지. 김윤식과 김홍집이 이끄는 '온건 개화파'는 치열한 국제 정세 속에서 살아남으려면 청나라의 도움 속에서 차근차근 근대화를 추진해야 한다고 주장했어. 서양의 기술 문명은 받아들이되 점진적으로 개화를 추진해야 한다는 입장이었어.

　반면 김옥균, 박영효 등이 이끄는 '급진 개화파'는 조선 정치에 심하게 간섭하는 청나라 세력에서 벗어나 자주독립 국가를 건설해야 한다고 주장했어. 청나라는 조선의 임오군란*을 진압해 준 대가로 조선 정치를 쥐락펴락하고 있었고, 명성황후를 내세운 민씨 수구파 세력은 이를 모른 척하며 자기들 잇속을 챙기기에 바빴어. 수구파를 반대하는 입장인 급진 개화파는 서구의 문물뿐만 아니라 제도와 정신도 적극적으로 바꿔 조선을 완전히 서구식으로 탈바꿈시키자고 주장했어. 이들은 일본의 도움을 받아 적극적인 개화 정책을 추진하려 했어.

　급진이니 온건이니 개화파가 이렇게 둘로 나뉘었지만 처음 시작은 그렇지 않았어. 18세기 중반 홍대용, 박지원 등 노론 집권층의 젊은이들 사이에 북학 운동이 시작되었어. 북학이란 쉽게 말하면 북쪽 오랑캐로 여겨졌던 청나라를 본받아 조선을 새롭게 일으키자는 운동이야. 야만적인 북방 오랑캐로 여겼던

> **임오군란** 조선 고종 19년(1882)인 임오년에 구식 군대의 군인들이 신식 군대인 별기군과의 차별 대우와 밀린 급료에 불만을 품고 군제 개혁에 반대하며 일으킨 난리. 이를 계기로 다시 정권을 잡은 흥선대원군은 여러 가지 개혁을 단행하는 등, 사태 수습에 노력했으나 결국 실패하여 청나라에 압송되었으며, 조정은 일본과 제물포 조약을 맺게 되었다.

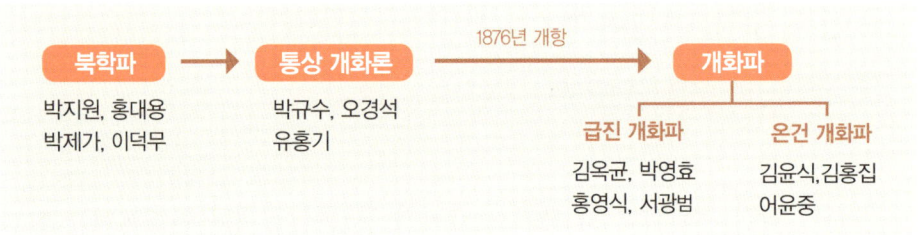

청나라가 강남 문화(명·청대 문화를 주도했던 양쯔강 이남의 문화.)를 적극적으로 받아들여 기술 문명국가로 크게 발전한 모습에 충격과 자극을 받았거든. 북학 운동을 주장하고 나선 이들은 성리학의 체계 안에서 청나라의 기술 문명을 도입하자고 주장했어. 이들 북학파가 이전의 실학사상과 다른 점은 농업이 아닌 상공업의 중요성을 주장했다는 점이야. 그래서 북학파를 중상학파라고 부르기도 해.

이러한 흐름 속에서 외국과의 통상을 주장하는 움직임이 일어났어. 양반 출신의 박규수와 중인 계층인 오경석, 유홍기 등이 이른바 통상 개화론을 주장했어. 열강의 군사적 침략을 피하기 위해서 개항은 피할 수 없다고 본 거야. 역관 출신인 오경석은 중국을 왕래하면서 개화사상을 품었고, 이것이 친구 유홍기에게 영향을 미쳤어. 양반인 박규수는 북학파인 박지원의 손자인데, 평안도 관찰사로 있는 동안 제너럴셔먼호 사건을 겪으면서 외세의 위협을 직접 경험한 데다 사신으로 중국을 오가며 개화사상을 접하게 되었어. 이들은 신분은 달랐지만 통상 개화론이 조선의 안전과 미래를 위해 꼭 필요하다는 데에 의견을 같이했어. 이에 박규수의 사랑방에서 젊은 양반들을 교육하며 개화당의 주춧돌을 놓았고, 결국 1874년 김옥균을 중심으로 개화당이 만들어졌어. 양반뿐만 아니라 중인, 평민, 승려, 군인 등 신분을 초월해 각계각층의 사람들을 모아 개화당의 세력을 키워 나갔어.

1882년 임오군란이 일어났어. 이를 수습하기 위해 민씨 일파는 청나라에 군대를 요청했고, 이를 빌미로 청나라는 조선 내정에 간섭하게 되었어. 이것이 온건 개화파와 급진 개화파가 나뉘게 된 결정적인 계기가 되었어. 급진 개화파인 김옥균, 박영효, 홍영식 등은 청나라와의 종속 관계를 끊고, 일본의 메이지 유신을 모델로 자주독립 국가를 세우자고 주장했어. 이들은 서양의 과학 기술뿐만 아니라 근대적인 사상과 제도까지 받아들이자고 했지. 이런 이유로 급진 개화파는 독립당, 일본당, 혁신당 등으로 불렸고, 급진 개화파와 온건 개화파가 나뉜 후로는 급진 개화파 쪽만 개화당이라 불렀어.

반면 온건 개화파인 김홍집, 어윤중, 김윤식 등은 청국의 간섭을 어느 정도 받아들이고, 청의 양무운동을 개화 정책의 모델로 삼자고 했어. 동양의 도덕, 윤리, 지배 질서를 유지한 채 서양의 기술을 받아들이자는 입장이야. 이런 특징 때문에 온건 개화파를 수구당, 사대당 등으로 불렀어.

우정국 파티를
갑신정변의 기회로!

그런 와중에 베트남에서 청과 프랑스 사이에 전쟁이 일어났어. 청나라는 조선에 파견했던 군대의 절반을 베트남 전쟁에 파견했어. 급진 개화파는 기회는 이때다 싶어서 정변을 일으키기로 결정하고 일본 공사로부터 재정적, 군사적 지원을 약속받았어. 그리고 우정국 개국 축하연을 정변의 날로 잡았어. 우정국 개국 축하연에는 급진 개화파가 제거해야 할 고위 관리들이 한자리에 모이거든.

1884년 10월 17일 오후 6시경, 우정국 개국 축하연에서 명성황후 조카 민영익이 자객의 칼에 쓰러지는 것을 신호탄으로 정변이 시작되었어. 이는 수구파를 향한 선전 포고이기도 했어. 급진 개화파는 민영익에게 부상을 입힌 후 창덕궁에 거처하던 국왕과 왕비를 경우궁으로 옮겨 일본군과 조선군에게 호위하게 하고 정권을 장악했어. 1884년의 이 사건을 **갑신정변**이라고 해.

3일 천하로
끝나 버린 정변

일본의 도움을 받으면서까지 급진 개화파가 정변을 일으키려 한 이유는 뭘까? 급진 개화파는 청·일의 빠른 변화에 비해 너무도 더딘 조선의 변화에 마음이 조급했어. 정변을 이끈 김옥균은 일본이 서구화 정책을 마련하면서 빠르게 변화하는 모습에 충격과 자극을 받았어. 김옥균은 개혁을 점진적으로 하자는 주장에 대하여 "그때의 조선은 이미 우리의 조선이 아닐 것이다."라며 서둘러 개혁하지 않으면 독립을 유지하기가 불가능하다고 주장했어.

갑신정변은 그렇게 성공하는 듯싶었어. 그러나 갑신정변 3일 만에 청나라 군대가 궁궐로 들이닥치자 일본군은 맥없이 도망쳐 버렸어. 허무하게 실패로 돌아간 갑신정변을 이끈 급진 개화파는 역적이 되었어. 홍영식, 박영교는 잡혀서 처형당하고, 김옥균, 박영효, 서광범, 서재필 등은 일본으로 망명했어.

갑신정변이 실패로 돌아가고 개화당이 비록 3일밖에 집권하지 못했지만, 그들이 주장한 개혁 조항은 조선에 필요한 내용들이었어. 갑신정변이 실패로 돌아가지 않고 그들이 꿈꾼 개혁을 실현했다면 우리 역사는 달라졌을까? 갑신정변은 왜 실패했을까?

갑신정변 개혁 요강

- 청에 대해 자주적인 모습을 갖추자.
- 신분 차별 없이 능력에 따라 인재를 등용하자.
- 탐관오리들을 처벌하고 백성들을 위한 정책을 시행하자.
- 근대적인 기구를 두어 일을 잘 분담해서 효율적으로 추진하자.

급진 개화파는 너무 성급하게 일을 추진한 데다 일본의 힘을 믿고 정변을 추진한 것이 큰 한계였어. 거기다 일반 백성들에게는 왜 이런 정변을 일으켜야만 했는지 아무런 이해도 구하지 않았어. 아무것도 모르는 백성들은 결과적으로 갑신정변이 조선에 더 불리한 상황을 만들었기 때문에 개화당을 무조건 반대하게 되었어. 결과는 비록 실패였지만, 그들의 본래 뜻은 나라와 민족을 위한 일이었는데 말이야.

　급진 개화파는 뼈아픈 실패를 맛본 후 나름대로 교훈을 얻었어. 제대로 된 개화는 몇몇 사람들의 뜻으로 되는 것이 아니라 국민들이 국내외 정세를 알고 뜻을 모아야 성공할 수 있다는 것을 말이야. 이때부터 개화당은 국민 계몽에 힘쓰게 돼. 국민들을 일깨워 진정한 지지를 받아 개혁하기로 한 거야. 이러한 경험은 이후 갑오개혁, 독립협회 활동에 큰 영향을 미치게 돼.

열강의 먹잇감이 된
조선

　청나라는 조선의 난을 진압한 대가로 이전보다 더욱 심하게 조선 내 정치에 간섭을 했어. 갑신정변 실패 후 개화파는 완전히 세력을 잃게 되었어. 고종과 집권 세력은 물론 개화 정책에 찬성하던 사람들까지도 개화파에게 등을 돌렸어. 개화를 반대하던 수구파는 말할 것도 없었지. 백성들은 박영효, 김옥균 등 급진 개화파 인사들이 일본으로 망명했다는 소식에 흥분하여 일본 공사관을 불태우고 일본 사람들을 죽이기까지 했어.

　이에 일본은 조선에 군사를 파견하고 손해 배상을 하라고 무력으로 위협했어. 결국 11월 24일 **한성 조약**을 맺게 되었어. 조선 측의 사과와 손해 배상, 일본인 살해 사건의 범인 처벌, 일본 공사관 신축 부지 제공과 신축 비용 지불 등이 내용이었어. 이 조약으로 일본은 조선 침략의 기초를 다지게 되었어.

한편 일본은 청나라와도 톈진 조약을 맺었어. 조선에서 부딪히지 않도록 각각 군대를 철수하고, 혹시 조선에서 변란이 생길 경우 양국이 서로 알린다는 내용이었어. 우리나라 일을 자기네끼리 의논한 거야. 이로써 우리의 자주권은 더욱 손상되고 말았어. 또한 이 조약은 훗날 청일 전쟁의 빌미가 되고 말아.

조선이 스스로의 힘으로 문제를 해결하지 못해서 다른 나라를 끌어들이자 문제는 더욱 커지고 말았어. 조선은 청의 간섭이 심해지자 이를 견제할 목적으로 러시아와의 교류를 추진했어. 러시아는 남쪽으로 세력을 넓히고 싶었던 터라 조선과 조약을 맺고 베베르를 조선 공사로 파견하는 등 우호적인 관계를 이어 갔어. 러시아가 조선과 가까워지자 조선에 눈독을 들이고 있던 나라들은 긴장했지. 특히 영국은 러시아와 여러 곳에서 부딪히고 있었기 때문에 러시아가 한반도를 점령하는 것을 막아야 했어.

이 때문에 일어난 사건이 **거문도 사건**이야. 영국은 러시아를 견제한다는 명분을 내세우며 1885년 전남 여수 지역의 섬인 거문도를 불법으로 점령했어. 조선은 영국의 불법 침략에 강하게 항의했고, 청은 영국의 침략을 빌미로 러시아와 일본의 군대가 들어올 것을 우려해 중재에 나섰어. 결국 영국군은 러시아가 조선 영토를 점령하지 않는다는 약속을 받아 내고서야 1887년 거문도에서 철수했어. 거문도 사건은 조선을 차지하려는 외세의 틈바구니 속에서 이리저리 치이던 뼈아픈 역사의 한 장면이야. 우리 영토를 불법적으로 점령당하고도 정작 협상 테이블에서는 힘을 발휘하지 못하고 지켜보는 형국이었으니 말이야. 거문도 사건이 청의 중재로 마무리되면서 조선에 대한 청의 간섭은 더욱 강화되고 말았어.

5 동학 농민 혁명

동학 농민 혁명, 자주와 평등을 외치다

개항 이후 조선의 재정은 바닥을 드러냈어. 근대 문물을 수용하는 데 들어가는 비용과 일본에 지불하는 배상금 때문이었지. 정부는 특별한 대책을 마련하기보다 백성들에게 세금을 더 걷어 부족한 재정을 메우려 했어. 거기다 일본 상인들이 전국 농촌을 돌며 곡물을 싼값에 사들이는 바람에 농촌 경제는 황폐해졌어. 농민들은 지칠 대로 지쳤고 무력한 정부를 믿지 않았어. 이런 상황에서 동학은 농민들에게 한 줄기 빛과 같았어.

동학 농민 혁명의 지도자 녹두장군 전봉준
1895년 2월 28일(음력) 서울의 일본 공사관에서 신문을 받은 전봉준이 재판을 받기 위해 법무아문으로 이송되고 있는 모습이다.
_ ⓒ 동학농민혁명기념재단

개항_ '바람' 잘 날 없는 조선　　35

민중의 마음을 사로잡은
동학

동학을 창시한 최제우는 경주의 몰락한 양반 집안과 재혼한 어머니에게서 태어나 사회적으로 차별을 받아야만 했어. 타고난 신분과 현실에 좌절했던 그는 민간 신앙을 바탕으로 유교, 불교, 도교의 핵심 사상을 종합해 1860년에 동학을 창시했어. 동학의 핵심 사상은 '사람이 곧 하늘이다.'라는 뜻의 인내천(人乃天) 사상이야. 불평등한 신분 사회에서 착취당하던 백성들에게는 큰 위로가 되었지. 또한 나라를 지키겠다는 동학의 보국 정신은 외세에 흔들리는 조정에 실망했던 백성들에게 열광적인 지지를 받았어. 1861년 최제우가 동학을 알리기 시작한 지 6개월 만에 선비에서 농민에 이르기까지 3천여 명의 제자가 생겼고, 전국 각지에 접소와 책임자인 접주를 두면서 체계적으로 확장해 나갔어.

> 접소 동학을 배우고 따르는 사람들이 모이는 장소.

이렇게 동학이 빠르게 퍼져 나가자 조정에서는 위협을 느꼈어. 신분 사회인 조선에서 평등사상을 바탕으로 하는 동학이 자리 잡는다는 것은 사회 질서의 근본을 흔드는 일이었어. 결국 조정에서는 1863년 최제우를 참형시키고 동학을 금지하고 탄압하기 시작했어.

그러나 동학은 기세가 꺾이기는커녕 2대 교주인 최시형을 중심으로 전국 각지로 더욱 확산되었어. 기본 교리를 정리한 《동경대전》과 《용담유사》를 간행해 체계적인 종교로 발전했지.

최시형은 1892년부터 '교조 신원 운동'을 펼쳤어. 억울하게 죽은 교주 최제

우의 누명을 벗겨 달라는 운동이야. 이것은 곧 동학을 합법화해 달라는 요구이기도 했어. 그러나 조정은 동학 교도들의 뜻을 받아들이지 않았어. 그러자 동학 교도들은 최시형이 있는 충청도 보은에 모여 대규모 집회를 열었어. 집회의 목적은 동학을 자유롭게 믿도록 보장하라는 것과 외세 배척, 부패한 관리의 처벌이었어.

고부 항쟁, 농민 항쟁의 불꽃

1893년 말, 전라도 일대에서는 농민 항쟁이 잇달았어. 익산, 전주, 고부의 항쟁이 대표적이었지. 당시 세력을 장악하던 민씨 정권은 돈을 받고 관직을 파는 매관매직을 일삼았어. 돈을 주고 관직에 오른 군수나 현감은 자기가 들인 돈을 뽑아내기 위해 농민들에게 많은 세금을 거둬들였어.

그중에서도 고부 군수 조병갑의 횡포는 도가 지나쳤어. 극악하게 농민들을 수탈하고, 임기가 다 되자 손을 써서 다시 고부 군수로 임명되었어. 더 이상 참을 수 없었던 농민들은 전창혁, 김도삼, 정일서를 대표로 조병갑을 고소했어. 그러나 전라도 관아에서는 오히려 조병갑을 편들고, 소장을 올린 농민 대표 3인을 혹독한 매로 다스려 죽게 했어. 농민들의 분노는 이루 말할 수 없었지.

전창혁의 아들 전봉준은 1894년 1월에 봉기를 일으켰어. 고부성을 점령해 조병갑을 내쫓고 곡식 창고를 열어 어려운 농민들에게 나눠 주었어. 감옥 문을

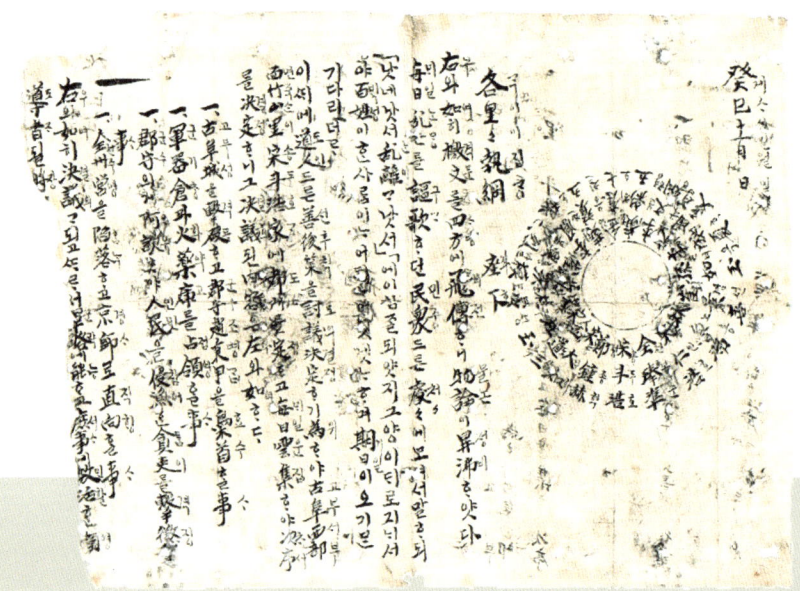

1893년 11월 조병갑의 횡포에 대항하기 위한 농민 봉기에 뜻을 같이하기로 한 사람들이 모여 서명을 하고 결의를 다진 사발통문이다. 누가 주모자인가를 알지 못하도록 서명에 참여한 사람들의 이름을 사발 모양으로 둥글게 뺑 돌려 적은 문서를 사발통문이라고 한다. _ ⓒ 동학농민혁명기념관

열어 죄 없는 사람들을 풀어 주기도 했어.

    고부에서 농민 봉기가 일어났다는 소식을 들은 조정은 조병갑을 체포하고 새로운 군수를 내려보냈어. 그런데 사태를 수습하기 위해 조사관으로 내려온 이용태는 사태의 진짜 원인을 파악하기는커녕 봉기의 주동자를 찾아 옥에 가두었어.

    이에 전봉준, 김개남, 손화중은 포악한 무리로부터 백성을 구하자는 '제폭구민'과 나랏일을 돕고 백성을 편안하게 한다는 '보국안민'을 내걸고 본격적인 투쟁에 나섰어. 고부성을 다시 함락하고 백산까지 갔을 때 따르는 농민이 8천

여 명에 이르렀어. 농민군은 정읍의 황토현, 고창, 흥덕, 무장, 영광, 함평, 장성까지 진격하며 관군을 크게 이기고, 조정에서 파견한 조선 최고 부대인 장위영군을 물리치며 전주성을 완전히 점령했어.

민씨 정권은 민란 수준으로 여겼던 농민군이 계속 크게 이기자 당황했어. 이때 민씨 정권이 내놓은 해결책은 청나라에 병력을 요청하는 것이었어. 5월 5일 청나라 군대가 아산만으로 들어왔어. 이에 일본은 청과 맺은 톈진 조약을 내세우며 다음 날 인천으로 군대를 보냈어.

한꺼번에 청, 일 양국의 군대가 들이닥치자 조정은 물론이고 농민군도 놀랐어. 자칫하면 조선 땅이 외세의 세력 다툼에 초토화가 될 상황이었으니까. 5월 8일, 동학 농민군은 조정과 전주에서 화친 조약을 맺었어. 외국 군대를 돌려보내고 나쁜 정치를 개혁한다는 내용의 **전주 화약**이야. 이를 실천하기 위해 전라도 지방에 농민이 주체가 되는 자치 기구인 집강소를 설치했어.

위대한
패배

조선 정부는 일본군의 철수를 요구했어. 그런데 일본은 조선의 요구를 무시하고 고종을 협박해 자기들의 요구대로 갑오개혁을 추진하고, 아산만에 정박해 있던 청나라 군함을 급습해 청일 전쟁(1894)을 일으켰어. 이에 동학 농민군은 다시 군대를 모아 봉기를 일으켰어. 고부에서 시작된 첫 번째 봉기와는 목적이 다른 봉기였지. 고부에서 시작된 1차 봉기가 부패한 정치에 대항하는 성격이었다면, 2차 봉기는 일본을 쫓아내기 위한 것이었으니까.

그러나 근대식 무기로 무장한 일본군을 당해 낼 만큼 농민군의 전력은 강하지 못했어. 결국 동학 농민군은 공주 우금치 전투에서 패하고 말았어. 동학 농민군의 지도자였던 전봉준, 손화중, 김개남은 몸을 숨겼다가 결국 발각되어 처형당했어. 새로운 세상을 꿈꾸던 동학 농민군의 꿈이 사라지는 순간이기도 했지.

그러나 농민들은 뿔뿔이 흩어지지 않고 항일 의병 운동에 적극적으로 참여하며 동학 농민 혁명의 정신을 이어 갔어. 또 동학 농민군이 주장했던 개혁 내용 중 일부는 정부가 추진한 갑오개혁에 반영되어 신분제 사회에서 평등 사회로 가는 밑거름이 되기도 했어.

동학 농민군은 근대 국가 건설을 위한 구체적인 방안이 없었고, 농민 이외의 계층에서는 지지를 받지 못한 한계가 있었지만, 자주와 평등의 밑거름이 된 위대한 패배였어.

자주와 평등의 밑거름이 된 동학 농민 항쟁의 마지막 전투, 우금치 전투 장면이다. _ ⓒ 동학농민혁명기념관

6 을미사변과 을사늑약

바람에 밀려 밀려 치욕의 시대로

치욕의 현장 건청궁 장안당
1895년 10월 8일 새벽, 일본군 수비대, 낭인, 영사 경찰 등으로 이뤄진 일본 자객들이 건청궁 장안당 앞마당에서 명성황후를 시해했다.

일본은 청일 전쟁에서 이긴 뒤 조선에서 우월한 지위를 보장받고, 청과 시모노세키 조약을 맺으며 막대한 배상금과 대만과 요동반도를 넘겨받았어. 이런 걸 두고 '꿩 먹고 알 먹는다'고 하지? 그런데 생각지 못한 복병이 있었다는 말씀! 바로 만주와 조선을 노리고 있던 러시아였어. 러시아가 일본의 독주를 막고 나선 거야. 얽히고설킨 권력의 틈바구니에서 조선은 일본의 간섭에서 벗어날 기회를 노려 보는데……

작전명
여우 사냥

　러시아는 일본이 요동반도를 차지하게 되면 계획에 차질이 생기니까 이를 막으려 했어. 그래서 프랑스와 독일을 끌어들여 요동반도를 청나라에 반납하라고 강요했어. 세 나라를 상대하기에 버거웠던 일본은 어쩔 수 없이 요동반도를 되돌려 주었지. 이 사건을 **삼국간섭**이라고 해. 조선은 이것을 기회로 일본의 간섭에서 벗어나 보려고 했어. 고종과 명성황후 민씨는 러시아의 힘을 이용해 일본을 견제하기 위해 친일 내각*을 해체하고 친러 내각을 수립했어.

> **내각** 조선 후기 국무 대신들이 국정을 집행하던 최고 관아.

　이에 일본은 무시무시한 음모를 꾸미게 돼. 비밀 작전명 '여우 사냥'! 일본 공사로 조선에 와 있던 미우라가 일본인 불량배들을 시켜 명성황후를 살해하기 위한 음모를 꾸민 거야. 그러고는 명성황후와 사이가 안 좋은 흥선대원군이 불만을 품은 군인들을 이용해 명성황후를 살해한 것처럼 꾸몄지. 이 처참한 사건을 1895년의 **을미사변**이라고 해.

궁궐을 탈출한
왕

　을미사변 후 일본은 고종에게 친일 내각을 다시 세우게 하고 개혁을 추진하게 했어. 이때 시행된 것이 양력 사용, 종두법 시행, 소학교 설립, 우편 사무 시작, 단발령 실시 등이야.

특히 상투를 자르라는 단발령은 백성들의 반일 감정을 악화시켰어. 조선 사람들은 부모님이 물려주신 몸을 훼손하는 건 불효라고 생각했기 때문에 머리카락을 자르는 데 대한 반발이 심했어. 을미사변과 단발령에 크게 격분한 유생들은 의병을 일으키고, 백성들의 항쟁은 전국적으로 퍼져 나갔어. 이것이 바로 을미의병(1895)이야. 조정은 의병을 진압하기 위해 한양을 지키는 중앙 군대인 친위대까지 전국에 파견했어. 이렇게 한양의 병력이 허술해지자 고종은 왕세자와 함께 궁녀의 가마를 타고 검문을 피해 러시아 공사관으로 거처를 옮겼어. 국권의 상징인 국왕이 궁궐을 버리고 러시아 공사관에서 머물게 되었으니 나라 꼴은 말이 아니었지. 이 사건을 아관파천(1896)이라고 해.

고종은 러시아 공사관에 도착하자마자 친일 내각의 대신들을 체포하라고 명령했어. 을미개혁을 단행하던 친일 내각은 무너지고, 내각을 이끌던 김홍집을 비롯한 대신들은 죽거나 일본으로 망명했어. 이제 정권은 이완용, 박정양, 이재순 등 친러파가 장악했어. 고종이 러시아 공사관에 머무르는 동안 러시아는 함경북도 경원 광산 채굴권과 압록강 유역의 벌채권 등을 거머쥐었고, 미국은 경인 철도와 한성 전차의 부설권과 운산 금광 채굴권을 얻어 냈어. 독일, 영국, 프랑스, 일본에도 철도와 금광의 부설권과 채굴권이 넘어갔지. 고종이 러시아 공사관으로 몸을 피한 사이 조선은 열강의 손아귀에서 만신창이가 되고 있었어. 특히 일본은 자신들의 최종 목표인 조선 점령을 위해 기초를 탄탄히 다지고 있었어.

을미사변 이후 한 나라의 왕이 궁궐을 버리고 몸을 피했던 구 러시아 공사관의 당시 모습과 현재 복원된 공사관의 전망탑(오른쪽).

자주독립을 위한
몸부림

외세의 침략이 강화되자 자주독립을 지키려는 운동도 더욱 불같이 타올랐어. 서재필 등이 주축이 된 독립협회는 청으로부터의 완전한 자주와 독립을 의미하는 독립문 건립 운동에 나섰어. 민중들은 청은 물론 러시아, 일본, 서양 열강으로부터의 독립을 염원하며 모금에 참여했고, 이들이 곧 독립협회의 회원이 되었어. 독립협회는 〈독립신문〉을 통해 국가의 위기를 일깨우고 극복을 위한 개혁의 필요성을 알렸어. 여러 차례의 토론회와 연설회를 열어 개혁 방안을 함께 고민했어.

아관파천 이후 1년 만에 궁궐로 돌아온 고종은 나라의 위신을 세우고 자주독립 국가로서 서기 위해 국호를 '대한제국'으로 바꾸고 황제 즉위식을 거행했어. 대한제국은 근대 국가로 발전하기 위해 여러 개혁을 추진하는데, 이를 광무개혁이라 해. 광무는 고종 때 사용한 연호인데, 광무 연간인 1897~1904년에 이루어진 개혁이란 뜻이지. 외세의 간섭 없이 산업과 교육 분야의 개혁을 추진했지만, 황제권 강화에 중점을 두다 보니 독립협회와 같은 진보적 자주독립 운동을 억압하고 열강의 이권 침탈이 계속되어 오히려 자주성이 훼손되었어.

아아, 조선의 주권을 빼앗기다

1905년 11월 17일 저녁 8시, 이토 히로부미가 군대를 이끌고 경운궁으로 들어섰어. 궁궐에는 8명의 대신이 모여 있었어. 이어 회의가 진행되었는데, 이토 히로부미는 "대한제국의 외교를 일본이 대신해 주고 이를 위하여 경성에 통감부를 설치한다."는 것을 주요 내용으로 하는 조약에 찬성하는지 반대하는지를 물었어. 회의가 아니라 강요였지. 이에 반대하는 3명은 곧바로 끌려 나갔고, 남아 있는 5명의 대신은 찬성이라고 말했어. 이때 찬성한 5명의 대신은 이완용, 권중현, 이지용, 이근택, 박제순이었어. 민중은 그들을 을사 5적이라 불렀어. 이로써 **을사늑약**이 맺어졌고, 조선의 주권은 일본에게 넘어갔어. 사실상 일본의 식민지가 되었지. 늑약은 강압에 의해 강제로 맺어진 조약이라는 뜻이야.

고종은 비밀리에 미국에 편지를 보내 조약이 무효라고 주장했지만 아무도 귀 기울이지 않았어. 일본이 이미 강대국들에게 손을 써 놓았거든. 일본은 오히려 고종이 일본의 체면을 손상시켰다는 이유로 강제 퇴위시켰어.

을사늑약이 맺어졌다는 소식이 퍼지자 백성들은 통곡했어. 고종이 강제 퇴위당하고 우리 군대가 강제 해산되자 백성들은 불같이 일어났어. 의병대가 전국 각지에서 일어났지만 일본은 의병대를 대대적으로 토벌했어. 결국 총독부를 세워 1910년 한일 병합을 통해 조선을 식민지로 다스리기 시작했어. 조선 왕조가 27대 519년 만에 멸망하고, 역사의 어두운 터널이 시작된 거야.

을사늑약 문서와 늑약 체결 후 찍은 수뇌부 사진이다. _ ⓒ 서울역사박물관

1

역사 속으로 사라진 비운의 우표

우표(1884)

2

역사를 바꾼 전화 한 통화

전화(1887)

3

물렀거라, 쇠 당나귀 나가신다!

전차(1899)

4

조선 땅에 뚫린 '검은' 철길

경인선 개통(1899)

5

임금님의 자동차, 스타일 Up? Down?

자동차(1903)

제 2전시실

'통通'하는 세상, '신新'나는 조선

6
신문명의 빛이 밤을 밝히다!
전기(1887)

7
조선의 바다에 등대를 밝히다
팔미도 등대(1903)

교통과 통신

와이파이가 인 티지면 속 터지는 세상, 전철이 몇 시간만 고장 나도 난리 나는 세상, 명절이면 고속 도로가 주차장이 되어 버리는 세상, 시속 300킬로미터의 KTX가 전혀 신기하지 않은 세상, 인터넷으로 손가락만 까딱하면 물건이 배달되고, 지구 반대편에 있는 사람과 언제든 영상 통화가 가능한 세상, 우리는 그런 세상에서 살고 있어. 하루가 다르게 더 빠른 것들이 등장해서 편리하다는 것도 의식하지 못하는 세상에 살고 있지.

우리가 언제부터 이런 세상에서 살게 되었을까? 수레는 고사하고 가마 타기도 힘든 시절이 있었다는데 말이야. 직접 걸어 몇백 리 길을 오가는 건 당연한 일이었고, 편지를 부치든 사람을 보내든 하도 감감무소식이라 함흥차사란 말이 생겼다잖아. 함흥차사는 조선 태조 이성계가 왕위를 물려주고 함흥에 있을 때, 태종이 보낸 차사를 죽이거나 혹은 잡아 가둬 돌려보내지 않은 데서 유래한 말이야. 어쨌건 지금에 와서 보면 아주 불편한 세상이었지.

그런데 우리가 이렇게 편리한 세상에 살게 된 건 그리 오래되지 않았어. 이 역시 근대화와 함께 일어난 변화니까. 불과 100년 전부터 이렇게 바뀌었는데, 이젠 절대 그 전으로 돌아갈 수 없을 만큼 세상이 크게 바뀌었어.

알다시피 조선은 강화도 조약을 통해 항구를 열었고, 그와 동시에 외부와 '통'하는 나라가 되었어. 그러면서 거센 '신(新)' 바람이 불어닥쳤지. 개항은 교통과 통신이 발전하는 결정적인 계기가 되었어. 강화도 조약으로 졸지에 국제 무역항이 된 인천, 부산, 원산에는 항만 시설이 들어섰고, 그 분위기를 이어받듯 육지에는 서울을 거쳐 중국까지 연결되는 철도망이 생겼어. 도시 곳곳에 도로가 깔리고 전차가 개설되었어. 여기에 우편, 전신, 전화와 같은 통신 시설이 구축되면서 조선의 근대화는 빠르게 진행되었지.

새롭고 빠른 교통과 통신의 등장은 신세계의 상징이었어. 사실 요즘만 해도 새로운 통신 기기에 열광하는데, 그 시대에 그 엄청난 변화는 오죽했을까? 최신 스마트폰에 댈 게 아니라니까.

조선을 놀라게 한 최첨단 통신 세상으로 안내할게. 통하는 세상, 신나는 조선으로 고고~!

우표 **1**

역사 속으로 사라진 비운의 우표

조선 최초의 우표가 발행되었어. 그런데 이 게 웬일! 우표를 발행하는 우정국 개관 축하연에서 갑신정변이 일어나는 바람에 우표는 써 보지도 못하고 역사 속으로 사라졌다고 해. 엉뚱하게도 독일로 건너가 뜻밖에 인기 상품이 되었다니, 비운의 우표 이야기를 만나 보자.

1912년식 우체통으로 일제 강점기 일본에서 제작했다. 1900년대 처음 사용한 우체통은 목조의 사각함 형태였다고 하는데, 현재는 그 실물을 찾아보기 어렵다. _ ⓒ 인천개항박물관

교통과 통신_ '통通'하는 세상, '신新'나는 조선   53

갑신정변으로 우체국은 문 닫고,
우표는 쓰레기로

문위보통우표들이다.
위의 5문우표와 10문우표는 발행되었고, 아래의 25문우표, 50문우표, 100문우표는 미발행 우표이다.
— ⓒ 인천개항박물관

1884년 4월 조선에 우정총국이 세워졌어. 서울의 우정총국과 함께 인천우편국이 문을 열면서 우리나라 최초의 우체국이 세워졌어.

우정총국은 7개월 정도의 준비 기간을 거쳐 1884년 11월 18일에 조선 최초의 우표인 '문위우표'를 내놓았어. '문위'라는 이름은 나중에 수집가들이 붙인 이름인데, 당시의 화폐 단위가 '문(1푼)'이었기 때문이야. 문위우표 발행 당시에는 우표가 아닌 '우초'라고 불렀어.

문위우표 앞면을 보면 'COREAN POST'라는 영문과 함께 '대조선국우초'라는 글자가 새겨져 있었어. 우표에 적힌 것처럼 문위우표의 발행은 '대조선국'의 이름으로 했는데, 실제 우표를 제작한 것은 일본인들이었어.

우정총국은 5문 · 10문 · 25문 · 50문 · 100문 총 5종의 문위우표를 280만 장 발행했어. 5문과 10문짜리 우표 2만 장은 우정총국의 업무 개시일에 맞춰 먼저 한성에 도착했고, 나머지 3종은 4개월 후에 도착할 예정이었어.

그런데 1884년 12월 4일, 우정총국 개국 축하연에서 갑신정변이 일어나 우정총국이 문을 닫게 되었어. 그 많은 우표는 창고에 방치된 채 한순간에 종이 쓰레기로 전락하고 말았지. 불과 18일 만에 역사 속으로 사라진 비운의 우표가 되어 버렸어. 설상가상으로 일본은 써 보지도 못한 우표 인쇄 대금을 달라고 재촉했어.

독일로 간 문위우표,
희귀 상품 대접

이때 해결사로 나타난 이가 있었는데, 독일계 무역 회사 세창양행이었어. 세창양행은 우표 대금을 일본에 지불하고 문위우표를 모두 독일로 가져갔어. 이 우표들은 '코리아 최초의 우표'라는 이름을 달고 예쁘게 꾸며져 서양의 우표 수집가들에게 팔려 나갔어. 문위우표 중 '엔타이어(entire) 문위우표'는 지금까지 한 장도 발견되지 않았다고 해. 이것은 우정총국이 잠깐 업무를 수행했던 18일 사이에 사용된 우표로, 우정총국의 소인이 찍혀 있어.

그 후 10년이란 긴 세월을 보낸 후에야 다시 우편 업무가 시작되었어. 1895년에 5푼, 1돈, 2돈 5푼, 5돈짜리 '태극우표' 4종이 발행되었어. 태극우표는 일본이 아닌 미국에 인쇄를 의뢰해 발행했어. 1900년에는 최초로 국내에서 인쇄한 '이화보통우표'가 나왔어. 1902년 10월 8일에는 고종 황제 즉위 40주년과

60세를 기념하는 최초의 기념우표가 발행되었지.

그러나 1905년 을사늑약 이후 해방을 맞기까지 우리나라는 일본 우표를 사용해야 하는 슬픔을 겪어야 했어.

고종 황제 즉위 40주년 기념우표인 어극40년 기념우표.

미국에서 인쇄한 태극보통우표.

최초로 국내에서 인쇄한 이화보통우표.

ⓒ 인천개항박물관

2 전화

역사를 바꾼 전화 한 통화

에릭슨사에서 1897년에 제작한 벽걸이형 자석식 전화기다. _ ⓒ 인천개항박물관

우리나라에 처음 전화가 들어온 건 1887년 궁궐이었어. 전화를 처음 접한 고종은 멀리 떨어져 있는 사람의 목소리를 들을 수 있다는 것에 놀라움을 금치 못했다고 해. 그 후 공식적인 전화의 개통은 1896년 서울~인천 간에 이루어졌어. 이 전화의 개통이 없었다면 목숨을 잃을 뻔한 청년이 있었어. 전화 한 통화로 목숨을 건진 조선 청년, 그리고 그 청년을 죽음에서 건지지 못했다면 우리 역사도 달라질 뻔했다는데, 대체 무슨 사연일까?

전화 한 통화로 목숨 건진 청년,
독립운동가 되다

　1895년 8월 20일 새벽, 경복궁을 급습한 일본 낭인들에게 조선의 국모 명성황후가 처참하게 시해당하는 사건이 일어났어. 이 사건이 바로 '을미사변'이지. 1896년 2월, 명성황후의 원수를 갚기 위해 21세 청년 김창수는 명성황후 시해에 가담한 일본 중위 쓰치다를 맨손으로 제압해 죽였어. 청년은 인천감옥소에 투옥되었고, 3개월 후인 1896년 8월 26일 사형 집행이 결정되었어.

　고종 황제는 청년의 사형 집행 당일에야 그 사건의 전말을 알게 되었어. 국모 살해범을 처단한 조선의 청년이 형장의 이슬로 사라질 위기의 순간이었어. 고종은 다급히 인천 감리* 이재정에게 전화를 걸어 사형 집행을 멈추라고 명했어. 전화가 개통된 지 3일째 되는 날이었지. 이때 전화가 없었다면 전보나 사람을 시켜 사형을 중지하라고 알려야 했으니 청년의 운명은 어찌 되었을지 모르는 일이었어. 이날 고종이 인천감옥소에 직접 건 전화는 우리나라 최초의 시외 통화이기도 했어.

> **감리** 대한제국 때 무역을 맡아보던 감리서의 으뜸 벼슬이다. 감리서는 개항 이후 나라 간 물건을 사고파는 통상 업무를 보던 곳인데, 외국과 관련된 일이 많다 보니 행정, 외교에 관련된 일도 했다.

　고종의 전화로 목숨을 구한 청년 김창수는 이름을 바꾸어 독립운동가로 활동하는데, 그가 바로 대한민국 독립운동의 큰 기둥 백범 김구 선생이야. 위기 일발의 이 사건은 《백범일지》에도 기록되어 있어.

고종, 덕률풍으로 죽은 아내에게
안부 전한 사연

고종은 명성황후의 무덤이 있는 남양주 홍릉에 전화를 설치하고 매일같이 전화로 명성황후에게 안부를 전했다고 해. 또 동구릉에 모신 대비 조씨에게 전화로 아침저녁 문안을 드리기도 했어.

당시 전화는 덕률풍이라고 불렀어. 이외에도 득률풍, 어화통이라고도 불렀어. 덕률풍은 '텔레폰'의 음을 따서 한자로 나타낸 말이야.

신하들은 외국에서 들어온 요상한 기계라며 전화기 사용을 반대했지만, 고종은 대신들을 믿지 못해 덕률풍으로 직접 중요한 지시를 내릴 정도였어. 덕률풍으로 임금의 지시를 받을 사람에게 시간을 미리 알려 주면 신하는 그 시간에 예복을 갖춰 입고 덕률풍에 대고 절을 네 번 한 다음, 엎드려 공손히 수화기를 귀에 대고 있었어.

일반 백성들은 덕률풍이란 이름에 붙은 '풍' 자를 다르게 해석했다지 뭐야. '덕률 바람'이 가뭄을 가져와 농사를 망친다거나 전화기 속에 번개 귀신이 숨어 있다 하여 전화가 오면 도망가기 바빴다고 해.

대륙 침략과
식민 정책의 수단

  1902년 3월 20일 최초의 공중용 전화가 서울~인천 간에 개설되었어. 요금을 내면 일반인도 전화를 사용하는 시대가 열린 거야. 그 후 서울~개성 간 전화가 개통되었고 서울과 인천의 시내 전화와 개성~평양, 서울~수원 등 전화 사업이 확대되었어. 당시의 전화번호부를 보면 전화 가입자 수가 1902년에는 넷(서울 2, 인천 2)이던 것이 1905년에 서울 50, 인천 28, 수원 1, 시흥 1로 늘어난 것을 알 수 있어.

  공중전화가 처음 등장한 것도 1902년의 일이야. 수화기를 들고 있으면 교환원이 연결되고 동전이 떨어지는 소리와 함께 원하는 상대와 전화 연결이 되었어. 지금이야 장거리 자동전화 방식에, 동전이 아닌 카드도 가능하고, 문자 메시지까지 보낼 수 있게 되었지만 말이야. 이렇게 발전해 가던 우리 통신 사업은 큰 걸림돌을 만나게 돼. 1905년 4월 '한일통신협정'으로 일본에게 통신 사업권을 빼앗기게 되었지. 통신권을 강탈한 일제는 통신을 대륙 침략 도구와 식민 정책의 보조 수단으로 사용했어.

벽걸이형 '체신1호' 자동식 공중전화기와 동전, 카드 겸용 공중전화기

전화 투기 시대를 거쳐
1가구 1전화의 시대로

　본격적으로 전화가 발전하기 시작한 건 1960년대 초부터야. 제1차 통신사업5개년 계획이 실시되면서 21만 대의 전화가 보급되었고, 그 후 1975년에는 100만 대가 보급되었어. 그러나 사회, 경제적으로 발전을 거듭하던 시기라 전화는 턱없이 부족했어. 그러자 전화가 투기의 대상이 되었어. 정말 놀랍지? 당시 전화에는 엄청난 웃돈이 붙어 전화상들의 농간이 심했어. 전화와 관련한 비리도 많아서 전화를 구입하지 못해 발을 구르는 사람들이 많았어. 그러자 전화 임대업이 성행하기도 했어.

　이러한 문제를 해결하기 위해 당시 체신부(지금의 과학기술정보통신부)는 1970년 7월 기존에 가설된 전화는 매매를 인정하되 개정 법령에 따라 이후 가설되는 전화는 매매를 금지한다는 조항을 발표했어. 이때부터 매매 등 양도가 가능한 백색전화와 매매 및 양도가 불가능한 청색전화로 구분했지. 그런데 청색전화 제도가 실시되면서 백색전화의 기격은 더 올랐어. 그만큼 전화를 사고 싶어 하는 사람들이 많았다는 얘기야.

　당시 쌀 80kg 한 가마니 가격이 63,000원이었는데, 백색전화 한 대 가격이 260만 원까지 치솟기도 했다니, 전화의 가치가 어느 정도인지 가늠이 되지? 당시 서울의 잘사는 동네 50평짜리 집값이 230만 원 정도였던 걸 감안하면 백색전화는 그야말로 부와 권력의 상징이었어.

　그 후 1980년대에 들어 전기 통신 부문에 혁신적인 변화가 일어났어. 1982년 한국전기통신공사가 세워지면서 정부가 직접 경영하던 통신 사업을 공사 체제로 개편하고, 기술적으로는 아날로그에서 디지털로, 전자 교환과 광통신 시대를 실현하는 밑거름을 마련했거든. 이후 연간 100만 회선 이상의 신규 전화를 지속적으로 보급하면서 전화 품귀 현상이 사라지고 1가구 1전화의 시대를 맞게 되었어. 1987년에는 가입자 1000만 시대를 열었지.

전화가 귀해서 투기까지 일어났던 시기가 불과 4, 50년 전 일이라는데, 요즘은 집 전화를 넘어 1인 1휴대폰 시대에 살고 있으니, 통신 기술이 얼마나 빠르게 진보하고 있는지 알 수 있어. 과연 50년 후의 통신은 어떤 모습일까?

전차 3

물렀거라,
쇠 당나귀 나가신다!

장안에 난데없는 '쇠 당나귀' 소문이 파다하게 돌고 있어. 소문이 꼬리에 꼬리를 물고 퍼지더니, 석가탄신일인 음력 4월 초파일이 되자 '임금님의 쇠 당나귀'를 보자고 몰려든 사람들로 종로 바닥은 인산인해를 이루었지 뭐야! '쇠 당나귀'의 정체는 대체 뭘까?

복원된 서울 전차 381호다. 1899년 5월 17일, 서대문에서 청량리까지 서울에서 처음 전차가 운행되었으며 1960년대 초까지 서울의 대표적인 교통수단이었다. 1968년 11월 29일 버스와 자동차의 통행에 방해된다는 이유로 전차 운행이 중단되었다. _ ⓒ 서울역사박물관

임금님 태운
쇠 당나귀의 정체는?

"사람을 수십 명씩 태우고 달리는 쇠 당나귀가 종로 바닥에 나타났다네~!"
"번개같이 빠르기까지 하다지?"
"임금님이 쇠 당나귀 타고 곧 행차를 하신다네. 모두들 구경 가세나~!"
"쉬, 물렀거라. 상감마마 납신다."

말을 탄 순검(지금의 순경)들이 먼저 모습을 드러내는가 싶더니 마차를 탄 고종 임금이 나타났어. 고종 임금은 마차에서 내리더니, 태극 마크가 선명한 시꺼먼 '쇠 당나귀'에 오르셨어. 사람들 입에 오르내린 쇠 당나귀의 정체는 거짓이 아니었던 것. 그건 바로 우리나라 최초의 전차란 말씀!

고종 임금과 20여 명의 대신들이 전차에 몸을 싣자 '쇠 당나귀'는 '땡땡' 종을 몇 번 울리더니 공중에 이어진 줄에 매인 쇠막대기에 번갯불을 팍팍 튀기면서 슬금슬금 스르륵 달리기 시작하는 거야. 임금님의 쇠 당나귀를 보자고 모인 사람들의 눈에는 천지가 개벽하는 것 같았지!

최첨단 전차가
당나귀에 실려 왔다고?

1899년 5월 17일(음력 4월 8일), 우리나라 최초의 전차가 모습을 드러내는 순간은 낯설고도 신기한 광경이었어. 이 시기는 경인 철도가 개통되기 몇 달 전이었으니, 전차는 그야말로 교통 혁명이었어.

'전차'는 전기의 힘으로 달린다 하여 붙여진 이름이야. 가마, 조랑말, 인력거가 활보하는 거리에 육중한 모습으로 나타나 스스륵 제 스스로 달리니 대사건이 아닐 수 없었지. 그런데 그런 최신식 교통 기관에 왜 쇠 당나귀란 구식 별명이 붙었을까?

전차는 독일의 지멘스란 회사가 1881년에 개발한, 당시의 최첨단 교통 시설로 통했어. 이것을 미국 사람 콜브란이 고종 임금에게 소개하며 조선에 전차를 들여올 것을 제안했고, 고종이 이를 승인했어. 전차를 소개한 콜브란은 전차 부설권을 쥐고 8대의 전차를 들여오기로 했지.

문제는 이 육중한 전차를 어떻게 조선까지 옮기느냐였어. 미국에서 생산한 8대의 전차는 몸체가 분해되어 미국 화물선에 실려 인천항으로 들어왔어. 거기서 다시 범선으로 갈아타고 한강의 마포나루까지 왔는데, 마포나루에서 전차를 기다리고 있던 것은 바로 소달구지였어. 최첨단 전차가 소달구지에 실려 옮겨지는 모습이라니! 전차는 소달구지에 몸을 맡긴 채 동대문 옆 한성전기회사까지 옮겨졌지. 이렇게 전차가 소달구지에 실려 왔다고 해서 쇠 당나귀 또는 쇠 달구지란 별명이 붙게 되었다고 해.

인기 폭발 전차,
효도 계까지 등장하다

고종 임금의 시승식을 겸한 개통식이 열린 후 한동안은 동대문과 경희궁 간 시험 운행을 했어. 사람들이 전차에 익숙해질 때까지는 시속 8km로 달리고, 그 후로도 시속 24km를 초과해서 운행하지 않았어. 지금의 교통수단에 비하면 거북이걸음이지만, 당시로서는 혁명이었어.

전차가 대중에게 개통되자 반응은 그야말로 폭발적이었어. 객석은 상등 칸과 하등 칸으로 나뉘어 있었는데, 상등 칸이 3전 5푼, 하등 칸이 1전 5푼이었어. 당시 쌀 1kg이 4~5전 정도 가격인 것을 감안하면 무척 비싼 요금이었지. 그럼에도 생전 처음 보는 전차에 대한 호기심은 줄어들 줄을 몰랐어. 신통방통한 전차를 타 보기 위해서라면 비싼 요금도 기꺼이 지불했어.

당시 전차는 정류소가 따로 정해져 있지 않아서 아무 데서나 손을 들면 승객을 태웠어. 또 오고 가는 전차가 선로를 함께 사용하는 단선이어서 마주 오는 전차가 있으면 한 대가 잠시 중간 대피소로 피하는 번거로움을 감수해야 했어. 거기다 규정 속도도 빠르지 않았으니 전차가 정해진 시간을 지켜서 운행하기는 쉽지 않았어. 게다가 상등 칸 6좌석 정도를 제외한 하등 칸은 위가 뻥 뚫려 있어서 비와 바람을 피할 수도 없었어. 하지만 승객들에게 중요한 것은 빠른 속도와 안락함보다는 신식 전차를 타 보았다는 자부심이었어.

전차를 타고 싶어 하는 사람들로 전차는 늘 빈자리가 없었어. 하루에 몇 번 전차를 탔다며 우쭐대는 사람이 있는가 하면, 부잣집 도령들은 전차를 타고 하루 종일 같은 코스를 왔다 갔다 유람 아닌 유람을 즐기기도 했어. 시골 사람이 어쩌다 서울에 와서 전차를 한 번 탔다 하면 동네 스타가 되는 건 당연지사! 이쯤 되자 자식들 사이에서는 '효도 전차 계'가 등장하기까지 했어. 장날마다 곡식을 조금씩 모아서 그걸 판 돈으로 돌아가면서 부모님에게 전차를 태워 드리는 계야.

'쇠 당나귀'
애물단지 되었네

모든 사람들이 전차를 좋게 생각하지는 않았어. 너도나도 전차를 타 보려고 하는 상황에서 돈이 없어 전차를 탈 수 없는 사람들은 애꿎은 전차를 미워하고, 차라리 전차가 들어오지 말았어야 했다는 원망까지 했어. 또 그해는 유난히 가뭄이 심했는데, 가뭄의 원인을 전차 탓으로 돌리는 황당한 일이 벌어지기도 했어. 땅에 박힌 철로와 공중에 매달린 전깃줄이 번개를 일으켜 하늘과 땅의 불기운을 다 빨아들여 가뭄이 들었다는 거야. 고종에 대한 민심도 나빠졌어. 고종이 콜브란 꾐에 넘어가 그러잖아도 바닥난 국고가 텅 비고, 콜브란이 전차로 번 돈을 모두 자기 나라로 빼돌리고 있다는 소문이 파다했지.

그런 상황에서 다섯 살 아이가 전차에 치여 죽는 사건이 벌어지고 말았어. 1899년 5월 26일의 이 처참한 사고로 사람들은 흥분했어. 사람 죽이는 전차라며 돌을 던졌고, 일본인 운전사를 죽이겠다고 몽둥이를 들었어. 운전사와 차장은 가까스로 도망쳐 화를 면했지만, 사람들은 전차에 불을 지르고, 그것으로도 모자라 그다음 전차까지도 불을 질렀어. 성난 민심은 가라앉지 않고, 콜브란을 죽이러 가자, 발전소를 때려 부수자며 시위를 벌였어. 이 사건으로 한성판윤과 경무청 관리들이 사임했어. 전차는 5개월이나 운행을 멈춰야 했고.

> 판윤 한성부의 으뜸 벼슬. 지금의 서울 시장과 같다.

그리고 약 5년 뒤 전차는 더 이상 미움의 대상이 아닌 서울 사람들의 생활에 깊숙이 자리 잡게 되었어. 그 계기가 된 것은 서대문~청량리 간 전차 공사에 이어 을지로, 남대문, 태평로 등에 전차 부설 공사가 이어지면서 가난한 백성들에게 일자리를 제공했기 때문이야. 전차 요금도 점차 싸져서 5전만 내면 양반, 서민 가리지 않고 서대문에서 종로, 청량리까지 갈 수 있어 서민의 편리한 발이 되어 주었어.

전차 노선도 늘어나고 값도 저렴해지면서 전차를 이용하는 승객은 더 늘어났어. 효도 전차 계까지 생겨나는 분위기에 발맞추어 한성전기회사는 효도 관광 특별 할인과 특별 전차를 마련하기도 하면서 적극적으로 승객 유치에 나서기도 했어.

그 후에도 전차는 모습을 달리하며 1968년까지 서울의 대중 교통수단으로서 중요한 역할을 담당했어. 그러나 자동차와 시내버스가 등장하면서는 그 자리를 내주고 박물관으로 자리를 옮겨 옛 추억을 선물하는 유물이 되었어.

4 경인선 개통

조선 땅에 뚫린 '검은' 철길

1899년 9월 18일 제물포~노량진 간 33.2km의 경인선이 개통되었다. 최초의 모갈형 열차인 '모갈 1호'의 기관차 모습이다. _ ⓒ 인천개항박물관

기찻길 옆 오막살이 아기 아기 잘도 잔다.
칙~폭, 칙~폭, 칙칙폭폭, 칙칙폭폭~
조선에 기찻길이 생기기 전에는 '칙칙폭폭'이란 말을 쓸 일이 없었겠지? '칙칙폭폭, 빽~' 요란한 소리를 내며 증기를 내뿜는 기관차의 등장은 놀라운 사건임에 틀림없었어. 우마차와 인력거, 배에 의존하던 시절이니 그 우람한 모습과 소리, 자동으로 구르는 바퀴에 놀랄 수밖에! 경인선 개통의 역사적인 장면을 만나 보자.

가슴 아픈
근대화의 신호탄

> 경인철도회사에서 개업 예식을 거행하는데… 화륜거 구르는 소리는 우레와 같아 천지가 진동하고 기관거의 굴뚝 연기는 반공에 솟아오르더라.… 수레 속에 앉아 영창으로 내다보니 산천초목이 모두 활동하여 닿는 것 같고 나는 새도 미처 따르지 못하더라.…
>
> 〈독립신문〉 기사 중 일부

우리나라 최초의 철도는 인천의 제물포와 서울의 노량진을 잇는 경인선이야. 인천에서 공사가 시작되어 서울을 향해 진행되었어. 1897년 3월 22일 오전 9시, 그 첫 삽을 뜨는 역사적인 날이었어. 격식 있게 한복을 차려입은 조선 고위 관리들과 철도 부설권을 거머쥔 미국인 모스, 공사 감독관 콜브란, 그리고 조선 인부들이 어색하게 포즈를 취했어.

그날 사진을 찍을 때만 해도 철도를 다 놓은 후에 같은 사진을 찍게 되리라 예상했겠지만, 상황은 엉뚱하게 흘러갔어. 야심차게 철도 공사를 시작했던 미국 기업인 모스가 돈을 대지 못해 공사가 중단될 위기에 처했거든.

호시탐탐 대륙 진출을 노리며 조선의 철도 부설권을 따내려던 일본은 기회를 놓치지 않았어. 재빠르게 모스와 교섭을 추진했고, 1898년 12월 철도 부설권을 넘겨받았어. 일본은 경인철도합자회사를 설립해 1899년 4월에 또 한 번의 성대한 기공식을 거행했지.

그리고 마침내 1899년 9월 18일, 제물포~노량진 간 33.2km의 경인선이 개통되었어. 이로써 우리나라 철도의 역사가 시작된 거야. 역사적인 첫 번째 열차의 이름은 '모갈 1호'. 모갈 탱크형 증기 기관차라서 붙여진 이름이야.

근대화의 신호탄이 될 철도를 일본의 손에 넘겨준 것은 참으로 안타까운 일이야. 겉으로는 조선의 근대화를 위한 것이라지만, 일본의 대륙 진출과 식민지 수탈을 위한 검은 욕망이 숨겨져 있었으니까. 그래도 철도의 개통으로 조선 사람들의 발이 빨라진 건 말할 필요도 없었어. 도보라면 인천과 서울을 오가는 데 12시간은 걸릴 텐데, 경인선이 개통되고는 1시간 40분 만에 닿을 수 있게 되었으니까. 그야말로 교통 혁명이었지! 경인선은 조선의 근대화에 속도를 내는 첫걸음이 되었어.

분단과 전쟁
아픔 딛고 묵묵히 달린 철길

경인선의 뒤를 이어 1905년 경부선(서울~부산)이, 1906년에는 경의선(서울~신의주)이 개통되었어. 경의선은 일본군의 군용 부설 철도였어. 러일 전쟁 때 전쟁 물자 수송에 사용되어 식민지의 아픔을 간직한 철도지. 그 후 1914년에 호남선(대전~목포), 1929년에 충북선(조치원~충주), 1936년에 전라선(익산~여수), 1939년에는 경춘선(서울~춘천)이 개통되었어. 그러나 일제 강점기의 철도는 일본이 부설권을 장악하고 그 목적도 전쟁과 수탈에 이용되었어. 해방 이후

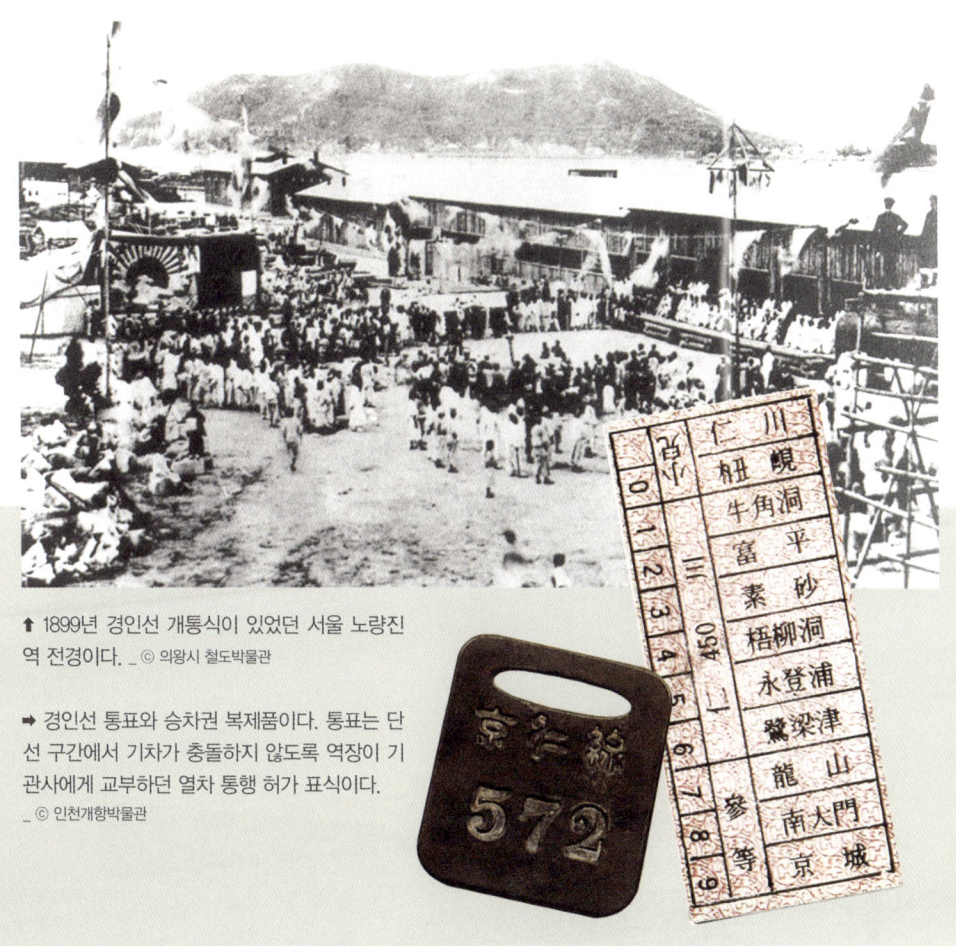

↑ 1899년 경인선 개통식이 있었던 서울 노량진 역 전경이다. _ ⓒ 의왕시 철도박물관

➡ 경인선 통표와 승차권 복제품이다. 통표는 단선 구간에서 기차가 충돌하지 않도록 역장이 기관사에게 교부하던 열차 통행 허가 표식이다.
_ ⓒ 인천개항박물관

에도 남북 분단과 전쟁으로 철도는 본래의 역할을 수행하지 못했어.

그러다 활발한 철도의 시대가 열린 것은 1960년대에 들어서면서부터야. 1960년대부터 1970년대에 행해진 경제개발5개년계획으로 경제 발전과 지역 사회 개발의 주역으로 철도가 급부상했어. 이때는 주로 산업선의 역할을 했어.

1967년부터는 증기 기관차가 디젤 기관차로 바뀌었어. 전기·전자 산업이

발전하면서 디젤 기관차도 디젤 전기 기관차로 탈바꿈해 오늘날 무궁화 열차를 끌고 매일 수백km의 철로를 쉬지 않고 누비고 있어.

1999년 우리나라 철도는 100년을 맞이했어. 1999년 통계를 보면 우리나라 기관차는 총 2,896량으로 디젤 기관차 491량, 전기 기관차 94량, 디젤 동차 614량, 전기 동차 1,697량이었어. 1948년 대한민국 정부가 수립될 당시 증기 기관차 631량과 비교하면 큰 발전을 이루었지. 이제는 KTX와 자기 부상 열차까지 등장해 철도 발전을 거듭하고 있으니, 앞으로도 더 새로운 철도를 만나 볼 수 있겠지?

한국고속철도 KTX 산천(왼쪽)과 2016년부터 운행 중인 인천국제공항의 자기 부상 열차. _ ⓒ Minseong Kim

1903

자동차 5

임금님의 첫 자동차
스타일 Up? Down?

1903년은 고종 임금이 재위 40주년을 맞은 해야. 조선 역대 임금 중에 가장 오랫동안 왕좌를 지킨 왕이지. 재위 기간 중 안팎으로 많은 풍파를 겪기도 했지만, 어쨌거나 40년간 임금의 자리를 지켰다는 것은 뜻깊은 일임에 틀림없어. 이에 대신들은 '칭경식'이란 이름으로 큰 잔치를 열어 고종을 위로하기로 했대. 그리고 아주 특별한 선물을 마련했다는데, 요즘 잘나가는 임금님은 이거 한 대 정도는 있어 줘야 한다는데?

고종이 타고 다녔을 것으로 추정되는 자동차의 모습이다.

교통과 통신_ '통通'하는 세상, '신新'나는 조선

말도 많고 탈도 많은
임금님의 첫 자동차

40주년 축하 파티 때 고종 임금을 자동차로 모시기로 의견이 모아졌다고 해. 성대한 잔치에 외국인들도 많이 올 텐데, 개화 바람이 불어닥친 이 마당에 임금님이 마차나 인력거를 타고 등장하기는 좀 그렇다나?

개화 바람이 불어닥친 갑오경장(1894) 이후로 대신들은 가마의 한 종류인 평교자나 의자 모양으로 생긴 수레 초헌, 일반 가마 등을 아예 탈 수가 없었어. 전차, 기차, 증기선이 나타난 세상에 구닥다리 탈것을 고집한다는 것은 시대에 뒤떨어진다는 이유에서였지. 임금님께 자동차를 사 드리자는 의견에 반대하던 고종도 신하들이 계속 말하자 허락을 했다고 해.

외국에서 자동차 한 대를 들여오기로 결정이 나자, 탁지부 대신(현재 재무부 장관)은 당시 미국 공사 알렌를 불러 미국의 자동차를 구입할 수 있도록 도움을 청했어. 이에 알렌은 미국 샌프란시스코의 프레이저라는 자동차 판매상에 승용차 한 대를 보내 달라고 전보로 부탁했어.

그러나 칭경식을 화려하게 수놓을 거라 기대했던 자동차는 칭경식이 끝난 다음에도 몇 달이 지나서야 인천항에 도착했어. 경인선 기차에 실려 서울 남대문 역에 내린 후 미국 사람이 운전해 궁 안으로 들어갔지. 그나마 다행인 건 한강철교가 칭경식 1년 전인 1902년에 개통되어 쪽배를 타고 강을 건너는 수고는 덜 수 있었어.

어렵사리 궁궐에 들어온 우리나라 첫 자동차를 탄 고종의 모습이 어땠냐고?

글쎄올시다! 백성들은 고종 임금이 자동차를 타고 서울 장안을 달리는 모습을 보지 못했어. 왕이 냄새나고 시끄럽게 까불어 대는 조그만 자동차에 몸을 싣고 다니는 건 경망스럽다나 뭐라나. 어쩌다 자동차가 움직이는 걸 목격한 사람들 사이에서는 바퀴 네 개 달린 쇠 귀신, 괴상한 소리를 내는 쇠 망아지 따위로 불렸어. 고종 임금의 첫 자동차는 궁궐에 드나들던 궁인들과 상인들의 입을 통해 소문이 퍼져 화젯거리가 되었어.

임금의 첫 자동차는 운전사와 휘발유, 부속품, 정비사 따위를 구하기가 어려워 구경거리 신세가 되었다가, 이듬해인 1904년 러일 전쟁 중 온데간데없이 자취를 감추고 말았다고 해.

조선 최초의
자동차는 따로 있었다?

고종 칭경식을 위한 자동차가 우리나라 최초의 자동차로 알려져 있었는데, 그보다 2년이나 앞서 이미 서울에 자동차가 있었다는 사실이 뒤늦게 알려져서 화제야.

1901년 봄, 미국 시카고 대학의 사진학 교수이자 여행가였던 버튼 홈즈가 증기선을 타고 인천에 왔어. 당시 큰 증기선이 정박할 부두가 없어 홈즈는 쪽배를 타고 인천항으로 들어오게 되었지.

홈즈 일행은 영국인 엠버리 부부가 경영하는 역전 호텔을 이용했는데, 그들

한국 전통 의상을 입고 있는 버튼 홈즈의 사진(왼쪽)과 1901년 차를 빌려서 서울 구경을 나갔다가 서대문을 빠져나갈 때 소달구지를 들이받아 달구지 바퀴가 빠졌다는 내용이 기록되어 있는 《버튼 홈즈 여행기》 10권이다. 고종 황제가 칭경식을 위해 자동차를 들여왔다는 기록은 1903년 《경성부사》에 기록되어 있다.

소개로 조선에 전차를 부설한 콜브란과 보스트윅도 알게 되었다고 해. 홈즈 일행은 며칠 후 자동차에 커다란 사진기를 싣고 마포로 향하는데, 서대문을 빠져나가다 마주 오던 소달구지를 들이받는 사고를 내고 말아. 다행히도 소와 농부는 다치지 않았으나 수레는 망가져 바퀴가 빠져 버렸지.

그 후 홈즈는 미국으로 돌아가 세계 여행기를 출판하는데, 서울의 풍물을 사진과 함께 소개한 책에 문제의 사고 현장이 사진으로 찍혀 실렸어. 사진에는 〈1901년 자동차를 타고 경성의 서대문을 지나다가 소달구지와 충돌한 사고〉라는 영문 설명이 붙어 있어. 바로 이것 때문에 우리나라 최초의 자동차가 고종의 자동차가 아니라는 것이 밝혀진 거야.

홈즈의 여행기에 자동차를 어떻게 구했는지에 관해서는 나와 있지 않아 자세한 것은 알 수 없지만, 서양 외교관이나 선교사들이 들여온 자동차가 이미 있었던 건 분명해. 엠버리 부부나 콜브란의 자동차를 빌려 탔을 거라는 추측이 가장 유력하지. 홈즈가 타고 들어온 쪽배가 자동차를 실을 만큼 크지 않았으니 빌려 탄 자동차임에는 틀림없거든. 그러니까 이미 서울에 자동차를 들여와 타고 다닌 사람들이 있었다는 말씀.

백성들이 처음 본 자동차는
프랑스 공사의 자가용

1908년 경성, 말로만 듣던 자동차가 장안에 모습을 드러냈어. 그런데 첫 만남에서 조선 사람들을 혼비백산하게 만들었지 뭐야. 백성들의 눈에는 쇠 마차 한 대가 두꺼비 울음소리를 질러 대며 저절로 슬금슬금 굴러오는 것처럼 보였거든. 느닷없이 나타난 쇠 괴물을 피하기 위해 사방으로 노망을 치느라 난리가 났다고 해.

당시 〈대한매일신보〉에서 사진 기자로 일하던 영국인 기자 엘프리드 맨험이 이 광경을 사진으로 찍어서 1909년 2월 20일자 영국의 화보지인 〈그래픽〉에 실리기까지 했어. 삽화에 덧붙인 내용은 다음과 같았어.

대로변을 지나다가 자동차를 처음 본 조선인들은 혼비백산하여 사방으로 흩어졌으

며, 들고 가던 짐도 내팽개친 채 숨기에 바빴다. 어떤 사람은 이 쇠 괴물로부터 자신을 보호해 달라고 간절히 기도하는 이도 있었다. 짐을 싣고 가던 소와 말도 놀라서 길가 상점이나 가정집으로 뛰어들었다.

일제 강점기가 되어 외국 공사들이 제 나라로 쫓겨 가게 되면서 이 자동차는 왕실에 팔렸어. 순종 황제가 가끔 탄 적이 있긴 하지만 낡아서 타지 않게 되면서 비서관들이 급할 때만 사용했다고 해.

순종과 순정효황후가 타고 다닌 어차.

국내 최초로 직접 생산해 낸 시발 자동차.

6 전기

신문명의 빛이 밤을 밝히다!

전차, 전등, 전화 사업 등을 위해 설립한 한성전기회사. 고종의 주도로 설립되었으나 실제로는 미국이 운영했다. -
ⓒ 한국콘텐츠진흥원 문화콘텐츠닷컴

1887년 3월 6일 저녁, 어스름이 짙게 깔린 건청궁에 작은 불빛 하나가 깜빡이는가 싶더니 눈부신 조명이 주위를 밝혔어. 조선에 처음으로 전깃불이 들어온 거야. 생전 처음 전깃불을 본 사람들의 놀라움은 이루 말할 수 없었지. 우리나라 최초로 전기가 들어온 경복궁 후원의 건청궁 안뜰은 문명의 빛으로 밤을 밝힌 첫 장소가 되었어. 아름답고 화려한 전깃불을 감상해 볼까?

조선, 신기한 전깃불에 매료되다

전기는 신문명을 가능하게 한 원동력이라 할 수 있어. 대중교통의 혁명이 된 전차도 전기가 없었다면 달릴 수 없었지. 전기의 매력은 끝이 없었어. 전차가 달리고 전화가 들어오고 신기한 기계를 돌리는 등 전기는 정말 슈퍼맨 같았지. 그러나 전기가 밤을 밝히는 빛이 되었을 때만큼의 감동은 아니었을 거야.

조선은 아시아에서는 중국, 일본에 이어 세 번째로 전깃불을 밝힌 나라야. '보빙사'라는 이름의 조선 사절단이 미국에 갔을 때, 에디슨전기회사에서 처음으로 전깃불을 보고 놀라움을 금치 못했다고 해. 왜 아니겠어? 태양이 아닌 빛이라고 해 봤자 촛불이나 호롱불이 고작이었을 때니, 대체 전기의 정체가 무엇이기에 작고 둥근 인공 태양을 만드느냐 말이지.

조선에 돌아온 보빙사의 건의에 따라 고종은 전기 도입을 즉각 허락했고, 1884년 에디슨전기회사와 전등 설비를 위한 계약을 맺었어. 이렇게 하여 1887년에 우리나라 최초의 전기등소가 생겨났어. 에디슨이 백열전등을 발견한 지 불과 8년 만의 일이었으니, 당시로는 획기적인 사건이었어.

1900년대 들어서면서 덕수궁에도 전깃불이 들어왔어. 궁궐이 아닌 일반 백성들에게도 전등이 보급되긴 했지만, 워낙 전기 요금이 비싸서 웬만한 부자가 아니고서는 전등을 사용할 수 없었어. 그렇다 보니 일반 서민에게는 전깃불이 꽤 오랫동안 희한한 물건으로 비쳐졌어. 전기나 전등에 대한 이해가 없어서 담뱃대를 전등에 갖다 대고 불을 붙이려고 하거나, 전구만 있으면 어디서나 불을 밝힐 수 있다고 생각한 사람들이 많아서 재미있는 일들이 더러 있었지.

종로에 밝혀진
최초의 가로등

우리나라에서 최초로 가로등이 밝혀진 곳은 종로 네거리였어. 예부터 사람들이 구름같이 모인다 하여 '운종가'라 불리던 곳에 밤에도 길을 밝혀 줄 가로등이 세워진 거야. 가로등은 세 개였고, 1900년 4월 10일의 일이었어.

가로등을 설치한 회사는 한성전기회사였어. 이 회사는 고종의 주도로 설립되었으나 기술과 자금 부족으로 미국인 콜브란과 보스트윅에게 경영권이 넘

한성전기회사가 설치한 종로 거리의 전차와 가로등.
ⓒ 한국콘텐츠진흥원 문화콘텐츠닷컴

덜덜불, 물불, 건달불, 증어?

전기를 생산하는 발전소는 향원정 연못가에 세워졌어. 16촉 광열등 750개를 밝힐 수 있는 규모였어.

이때의 발전기 시설은 미국 에디슨전기회사의 윌리엄 멕케이(William McKay)라는 전기 기사가 맡아서 진행했어.

석탄을 연료로 하는 발전기를 향원정 연못물을 이용해서 돌렸는데, 발전기 기계 돌아가는 소리가 어찌나 컸는지, 이 때문에 전등은 '덜덜불'이란 별명을 얻기도 했어.

시끄러워서 못살겠어!

연못물을 끌어올려 전기를 생산해서 '물불', 불안정한 전력 때문에 건달처럼 제멋대로 켜졌다 꺼졌다 한다 해서 '건달불'이라고도 불렀어.

제멋대로 또 꺼졌군. 누가 건달불 아니랄까 봐.

발전기 때문에 연못물 온도가 높아져 물고기가 떼죽음을 당하기도 했어.

사람들은 이 때문에 전등을 '물고기를 끓인다'는 뜻의 '증어'라 부르기도 했지.

어갔어. 이들은 전차를 부설한 후 곧 전등 사업에 들어갔어. 그 첫 시도가 바로 종로의 가로등이었는데, 가로등의 진짜 목적은 전등 사업을 홍보하기 위한 것이었어. 길거리에 가로등이 밝혀지자 조선 사람들이 느낀 놀라움과 충격은 이루 말할 수 없었지. 너무 놀란 나머지 기절하거나 가로등을 보고 달아나는 사람도 있었대.

최초의 동대문발전소에서
고리 1호기가 세워지기까지

한성전기회사는 최초의 상업 발전소인 동대문발전소를 건립해 1899년 5월부터 전차에 필요한 전기를 공급했어. 발전소의 시작은 전차 때문이었지만 곧이어 전등 사업에도 뛰어들어 한성 곳곳에 전등이 밝혀졌지.

한성전기회사는 자금과 기술력 부족으로 회사의 소유권 일부가 콜브란과 보스트윅에게 넘어가면서 1904년 한미전기회사라는 새 이름으로 다시 태어났어. 콜브란과 보스트윅은 주도적인 소유자로 떠올랐지.

일본의 조선 침략이 코앞에 닥치자 콜브란은 1909년에 한미전기회사의 경영권을 일본 기업인 일한가스회사에 넘겼어. 고종은 투자한 돈을 한 푼도 돌려받지 못한 채 한미전기회사를 일본에 빼앗기고 말았지.

일제 강점기에 들어서면서 부산, 인천을 시작으로 대도시와 지방 주요 도시까지 일본인 전기 회사가 속속 세워졌어. 1930년대 초에는 전기 회사가 80여

최초의 상업 발전소인 동대문발전소(왼쪽)와 울산에 있는 고리 원자력 발전소. _ⓒ 독립기념관, 한국수력원자력

개에 달할 정도였어. 그중 1917년에 설립된 개성전기는 순수 민족 자본으로 세워진 기업으로, 전기 요금도 가장 싼 모범 전기 회사로 손꼽혔어.

하지만 다른 전기 회사들은 전기 요금도 각기 다르고, 너무 많은 전기 회사가 있다 보니 전기 회사의 공익성도 훼손되었어. 1932년 조선총독부는 80여 개에 달하는 전기 회사를 경성전기, 남선전기, 서선전기, 북선전기로 나누어 통합시켰어.

해방 후 남북 분단과 6·25전쟁으로 전력 시설의 60%가량이 파괴되자, 임시로 미국에서 발전함을 들여오기도 했어. 말 그대로 발전 시설을 갖춘 큰 배를 부산, 인천 등의 항구에 정박시켜 놓고 중요 기관과 시설 등에 전력을 공급한 거야. 그때 전기 공급이 얼마나 어려웠는지 짐작할 수 있겠지.

한국전력 세워지며
무제한 송전 시대로

　전쟁이 끝난 후에도 우리나라는 전력이 늘 모자란 상태였어. 정부는 당시 경성전기, 조선전업, 남선전기로 나뉜 전기 3사를 통합시켜 1961년에 '한국전력'을 발족시켰어. 한국전력은 장기적인 계획을 세우고 규모를 늘리면서 외국에서 자금을 빌릴 수 있었어. 그리고 우리나라 곳곳에 발전소를 건설할 수 있게 되었어.

　이런 노력 끝에 1964년 4월 1일, 마침내 우리나라는 오랜 전력 기근에서 벗어날 수 있었어. '무제한 송전'이 가능하게 된 거야. 1968년에는 최대전력 100만kw대를 돌파하면서 경제 개발의 기반을 다지게 되었지.

　그리고 1978년 4월, 고리 1호기를 준공했어. 석유에 의존하던 발전소 시대를 지나 원자력 발전소가 건립된 거야. 이제 전기가 없는 세상은 상상조차 할 수 없는데, 불과 몇십 년 전에는 전기 기근에 시달렸다니, 근대화의 힘을 엿볼 수 있어.

조선의 바다에 등대를 밝히다

팔미도 등대 7

인천 팔미도에 조선 최초의 등대가 밝혀졌어. 사람도 살지 않고 갈매기들이 지키는 이 섬에 하얀 등대가 우뚝 솟았어. 팔미도 등대가 불을 밝히자 외국에서 오는 배들은 왕래하기가 수월해졌다고 하네. 바다에서 고기 잡는 어부들에게도 등대가 도움이 되었으려나?

인천 앞바다에 떠 있는 작은 섬, 팔미도(왼쪽) 전경이다. 대한민국 제1호 등대와 더불어 오랜 세월 닫혀 있던 뱃길을 열어 준 소월미도 등대. - ⓒ 인천시립박물관

　1903년 6월 1일, 쇄국의 어두운 바다에 외로이 떠 있던 섬 팔미도에 조선 최초의 등대가 밝혀졌어. 조선 정부가 인천에 해관 등대국을 설치한 지 1년여 만의 일이야. 해발 71m 섬 꼭대기에 세워진 7.9m 높이의 팔미도 등대는 처음에는 90촉광짜리 석유등을 사용했어. 과학적 지식과 기술이 아직 부족했던 등대국은 서울 덕수궁 석조전을 설계한 영국인 하딩(J. R. Harding)에게 등대 공사를 맡겼고, 반짝반짝 등대 눈에 해당하는 등명기는 프랑스 조명 기계를 수입해서 썼어.

　인천의 개항과 잇따른 조선의 근대화는 우리의 의지와 상관없는 우여곡절이 많았지만 이날 팔미도, 소월미도, 북장자서에 함께 세운 등대는 오랜 세월 닫혀 있던 뱃길을 처음 열게 한 결정적 계기가 되었어. 등대는 국제 교류의 시작을 알리는 신호탄 같았어. 등대가 생겨나길 기다렸다는 듯이 증기 기관을 단

각국의 이양선들이 신식 물건을 싣고 속속 들어왔거든. 그들이 조선에 가져온 건 신식 물건에 그치지 않았어. 교육, 종교, 제도, 군사, 경제, 문화 등 그야말로 근대라는 이름의 온갖 것들이 인천에 들어왔고, 이는 뱃길을 따라 조선 팔도 방방곡곡으로 퍼져 나갔어. 팔미도 등대는 조선 최초로 인천에 밝혀진 근대의 불빛과도 같았어.

   인천항은 수심이 얕고 간만의 차가 심한 데다 해안선이 복잡해서 배들이 드나들기 쉽지 않은 곳이었어. 그런데 팔미도에 등대가 세워지면서 배들이 인천항에 들어오기가 수월해졌어. 근대화의 빛을 밝혔다고 해도 과언이 아니야. 그렇긴 해도 당시 어부들은 사람이 살지 않는 무인도 꼭대기에서 밤새 불빛이 깜박이니 도깨비불이라며 무척 두려워했다고 해. 애초에 등대가 세워진 목적도 어부들을 배려했다기보다 외국 선박들의 안전 운전을 위한 것이었으니, 어부들은 이래저래 등대가 낯설기만 했을 거야.

1

**외국 기업 세창양행,
조선인에게 '고백'한 사연**

세창양행(1884)

2

**토종 백화점 화신,
일본 백화점에 맞서다**

화신백화점(1931)

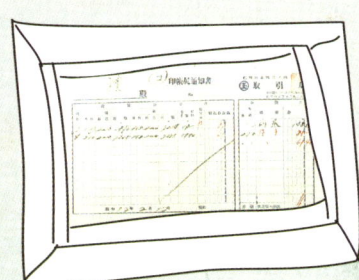

3

최초의 곡물 경매 시장이 열리다

인천미두취인소(1896)

4

**참새가 방앗간을 지나쳐
정미소로!**

정미소(1892)

제 3전시실

조선의 살림살이는 나아졌나

5
최초의 은행 대출 담보가
당나귀라고?

한성은행(1897)

경제

항구가

열리자 외국 상인들은 앞다퉈 조선으로 몰려들었어. 강화도 조약을 강요했던 일본은 물 만난 고기 같았지. 일본 상인들은 조선 사람들이 좋아할 만한 서양 물건들을 가져와 조선의 곡식이나 금 따위로 교환해 갔어. 여기에 함정이 있었어. 공장에서 만드는 서양 물건은 무한정 만들어 낼 수 있는 것이고 조선의 곡물은 한정된 것이니, 그것을 서로 바꾸다 보면 조선의 경제가 무너지는 것은 불 보듯 뻔한 일이었어.

당시 조선은 자급자족 경제였어. 그런데 그마저도 충분치 않아 지난해 곡식이 다 떨어지고 햇곡식을 추수하기 전까지의 춘궁기 때는 굶어 죽는 사람들이 나올 정도였어. 그런 상황에서 곡식이 빠져나가니 가격은 더 올라가고, 그 피해는 가난한 농민들에게 돌아갔어. 농민들은 땅 주인이나 외국 상인들에게 돈을 빌리고, 돈을 갚지 못하면 가진 땅을 빼앗기고 땅을 빌려 경작하거나, 산속에 들어가 화전을 일구며 살았어. 그마저도 어려운 상황에서는 만주나 연해주로 떠나거나 도시로 나가 하루하루 근근이 날품을 팔며 살아야 했어.

가난은 일제 강점기 이후 더욱 심해졌어. 1911년부터 근대적 토지 소유 제도를 확립한다는 이유로 이른바 토지 조사 사업을 벌였어. 이 사업으로 왕실과 공공 기관, 공동 소유의 토지를 빼앗아 일본인들에게 헐값으로 되팔았어. 농민들의 경작권은 사라지고 지주들의 소유권만 인정해 줬어. 농민들은 지주가 원하는 소작료와 지주가 원하는 대로 세금도 물어야 했어. 일제는 지주 편에 서서 자유롭게 토지를 사고팔도록 제도를 고치고 더 많은 토지를 살 수 있게 돈까지 빌려 줬어. 이 모두가 더 많은 쌀을 일본으로 빼돌리기 위한 음모였지. 해마다 막대한 양의 쌀이 일본으로 팔려 갔는데, 대부분 지주가 소작농으로부터 받은 소작료였어. 쌀값은 당연히 오르고, 지주들은 날이 갈수록 부자가 되었어.

많은 지주들은 돈을 모아 공장을 짓고 기업 경영에 뛰어들기도 했어. 전국 곳곳에 공장이 세워지고 상업이나 무역 회사도 세워졌어. 조선 사람들은 민족 기업이라며 애용했지만, 총독부의 도움을 받고 있는 일본 기업을 이기는 건 어려웠어. 조선의 산업은 점차 일본의 손에 넘어갔어.

1920년대 이후 서울에는 인구가 늘어나고 근대적인 건축물도 많이 들어섰어. 학교와 극장, 백화점이 생기고, 근대적인 상가가 들어서면서 하루가 다르게 변화해 갔어.

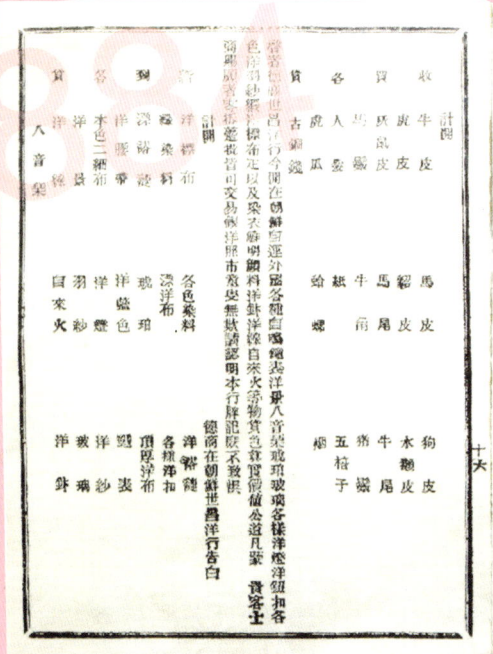

외국 기업 세창양행, 조선인에게 '고백'한 사연

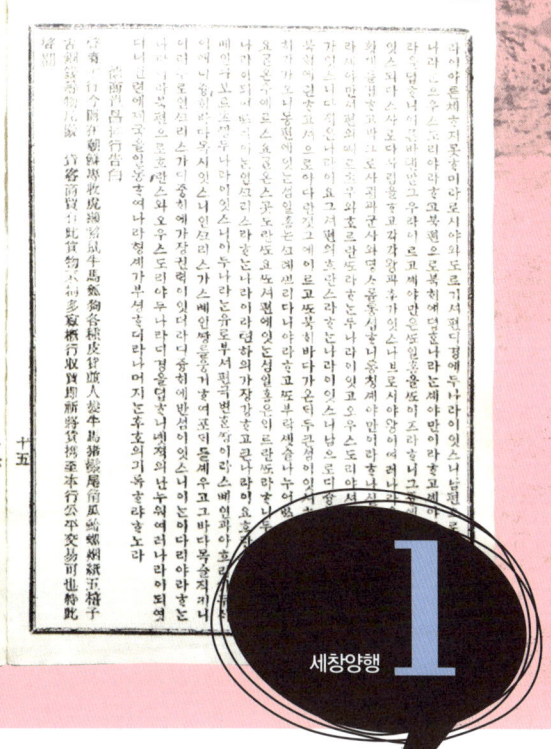

1886년 2월 22일자 〈한성주보〉에 실린 독일계 기업 세창양행의 광고 복제품이다.
_ ⓒ 인천개항박물관

조선의 항구가 열리자 외국 회사들은 기다렸다는 듯 조선으로 달려왔어. 처음으로 항구를 여는 곳이니 큰 돈벌이가 되겠다 싶었겠지. 선두 주자는 독일의 세창양행과 영국의 이화양행이란 회사였어. 그중 세창양행은 일본 상인들이 본격적으로 활약하기 전에 인천에 들어와 무역업을 독점하다시피 했어. 그런데 잘나가는 세창양행이 신문에 조선인들 보라고 '고백'을 했다는데? 세창양행이 조선인에게 '고백'한 사연은 대체 뭘까?

경제_ 조선의 살림살이는 나아졌나

어라? 이건 '고백'이 아니라
개업 광고였네!

고백이라면 꽁꽁 감추었던 사랑의 마음을 표현하거나 거짓말을 순순히 털어놓거나, 뭐 그런 거잖아. 그런데 무역 회사인 세창양행에서 고백이라니, 일단 1886년 2월 22일자 〈한성주보〉에 실린 세창양행의 '고백'을 좀 보자고.

> 알릴 것은 저희 세창양행이 조선에서 개업하여 호랑이, 수달피, 검은담비, 흰담비, 소, 말, 여우, 개 등 각종 가죽과 사람의 머리카락, 소, 말, 돼지의 갈기털, 꼬리, 뿔, 발톱, 조개와 소라, 담배, 종이, 오배자, 옛 동전 등 여러 가지 물건을 사들이고 있습니다. (…)
> 독일 상사 세창양행이 조선에서 개업하여 외국에서 자명종 시계, 들여다보는 풍경, 뮤직 박스, 호박, 유리, 각종 램프, 서양 단추, 각종 서양 직물, 서양 천을 비롯해 염색한 옷과 선명한 염료, 서양 바늘, 서양 실, 성냥 등 여러 가지 물건을 수입하여 물품의 구색을 맞추어 공정한 가격으로 팔고 있으니 모든 손님과 상인은 찾아와 주시기 바랍니다. (…)
> 아이나 노인이 온다 해도 속이지 않을 것입니다. 바라건대 저희 세창양행의 상표를 확인하시면 거의 잘못이 없을 것입니다.

광고가 처음이다 보니 선택한 조선말이 '고백'이었어.

여하튼 내용은 세창양행이 개업을 해서 원료를 사들이고 공산품을 팔고 있으니 와서 이용해 주십사, 하는 거야.

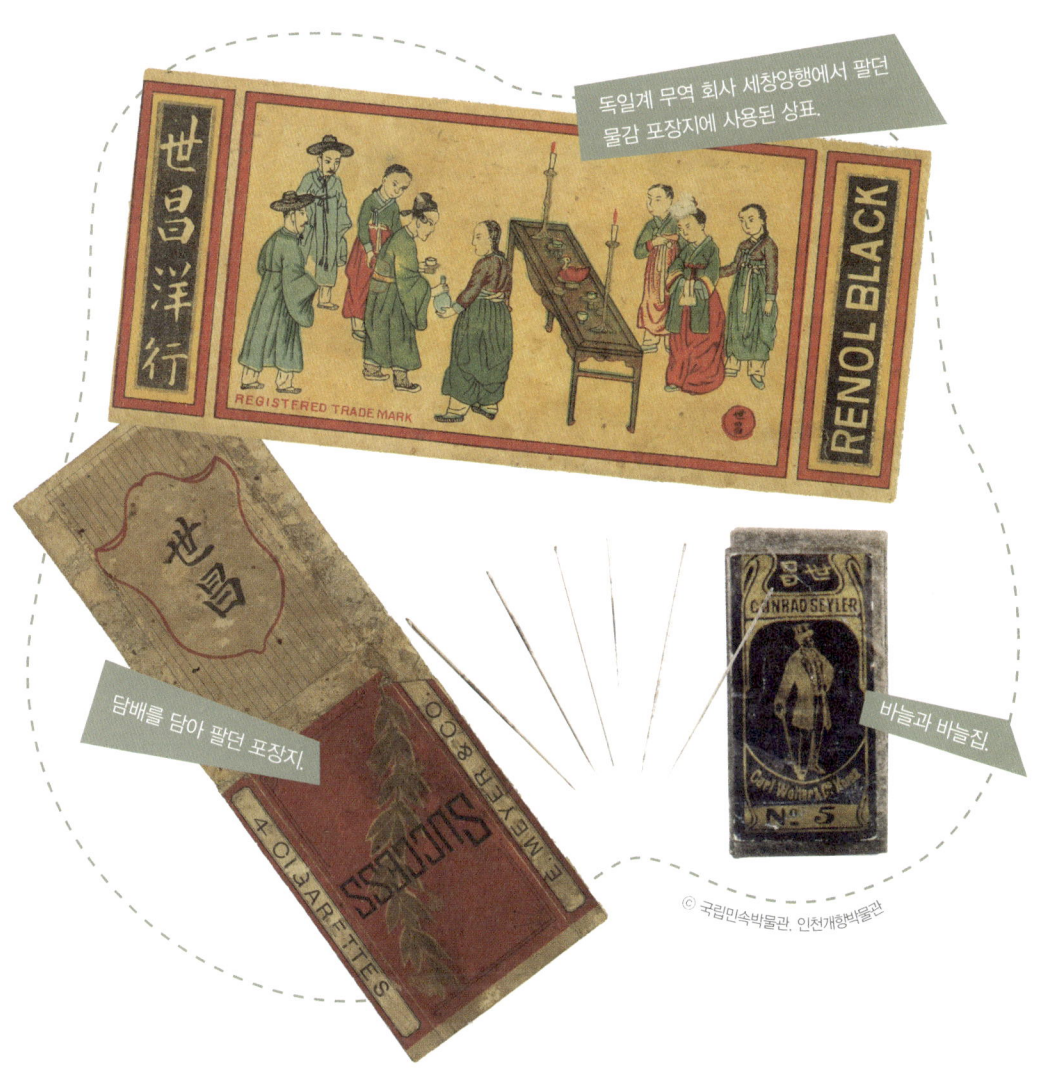

독일계 무역 회사 세창양행에서 팔던 물감 포장지에 사용된 상표.

담배를 담아 팔던 포장지.

바늘과 바늘집.

ⓒ 국립민속박물관, 인천개항박물관

　광고치고는 그림 하나 없이 말만 장황하지만 '고백'하고 싶은 내용은 확실히 하고 있네.

　이런 신식 광고를 처음 접하는 사람들에게 '고백'은 호기심을 불러일으키기에 충분했어. 덕분에 회사를 알리는 데도 성공했고, 바늘이며 성냥, 담배 등 세창 제품을 이용해 본 사람들의 만족도도 꽤나 높았지.

세창양행은 어떤 회사?

　세창양행은 1884년에 독일 마이어 상사(Meyer 商社)의 제물포 지점으로 설립된 무역 회사야. 개항 초기 인천의 독보적인 무역상으로 활약했고, 우리나라에 2만 파운드(약 10만 냥)를 빌려 준 최초의 외국 기업이기도 했어. 이것을 계기로 상해와 인천을 잇는 정기 항로 개척 및 홍삼의 독점 수출을 꾀했지만, 청의 방해로 이루어지지 못했어.

　세창양행은 홍삼과 금의 수출과 면포 및 면제품, 생활필수품 등의 수입을 담당하면서 설립 초기에 큰 성공을 거두었어. 인천을 거점으로 경성은 물론 외국에까지 상권을 개척해 홍콩, 상해, 천진 등에 거래처를 확장하며 1900년대 중반까지 큰 호황을 누렸지.

　이렇듯 세창양행은 생산 공장을 갖춘 주식회사가 아니고 일종의 무역 대행 업체였어. 초기에는 면제품 등을 수입하고 곡물을 수출했는데, 점차 규모가 큰 화폐 기기나 인쇄 기계, 무기류를 중점적으로 다루었어. 1900년대에는 소가죽과 홍삼을 대량으로 수출하기도 했어.

　겉으로 보기에는 조선 근대화에 도움을 준 것 같지만, 기계와 기술자를 들여오는 일에 앞장서면서 이권을 챙겼고, 외교적인 압력을 가하기도 하면서 한국의 주권과 경제 성장을 막는 악영향을 끼쳤어. 우리의 근대화 과정은 동전의 양면처럼 근대화에 따른 명암이 엇갈리곤 했어.

인천에 세워진 최초의 서양식 건물 세창양행 사택.
_ ⓒ 인천시립박물관

세창양행을 설립한 독일인 에드바르트 마이어(앞줄 오른쪽)와 세관 업무를 담당했던 조선 관리(가운데). _ ⓒ 인천개항박물관

세창양행 사택,
최초의 서양식 건축

세창양행은 조선에서 이래저래 '최초'라는 단어를 거머쥔 회사야. 개항 후 무역 회사로서 인천에 처음 들어오더니 최초로 신문에 광고를 내고, 거기에 직원 사택까지 '최초'란 기록을 가지고 있으니 말이야. 세창양행 사택은 조선에 세워진 최초의 서양식 건물이야.

1883년에 한국에 와 있는 직원 세 명을 위해 지은 세창양행 사택은 이국적인 벽돌 건물로 지어져 사람들에게 화제가 되었어. 인천을 드나드는 외국 배들에게 하나의 이정표가 될 정도였어. 건축 면적 170평이 넘는 화사한 크림색 건물에 사각형 망루와 아치형 네모기둥, 빨간 기와가 돋보이는 집이야. 직원들이 사는 평범한 집이라기보다는 고급 별장 같았어. 사무실, 응접실, 침실, 부엌, 식당, 오락실 등의 공간을 갖추고 있어 겉모습은 물론 내부 구조도 한국 주택과는 완전히 다른 모습이었어. 조선에 처음 들어선 서양식 건물이다 보니 거리의 풍경도 달라지고, 이로써 인천은 근대화의 옷을 한 겹 더 입게 되었어.

우리나라 최초의 기업 박승직상점

1896년 8월, 서울 배오개(지금의 종로 4가)에 우리나라 최초의 개인 기업이 문을 열었어. '박승직상점'이란 이름의 포목상이었지. 박승직은 전국을 돌며 면직물을 팔던 유명 상인이었어. 박승직상점은 날로 번창해 전국에 지점을 내게 되었고, 1925년 주식회사로 전환했어.

박승직은 우리나라 경제사에 다양한 발걸음을 남긴 사람이야. 1905년에 설립된 한국 최초의 경영인 단체인 한성상업회의소의 상임 위원(1906)으로 활약하는가 하면, 고종과 순종이 승하했을 때 상인봉도단을 결성해 단장으로 활약하기도 했어.

박승직상점은 1907년 일본인과 손을 잡고 면포를 수입하는 공익사라는 회사를 세웠고, 1920년에 이르러는 화장품 제조업까지 사업을 확장해 박가분(朴家粉)을 통해 회사의 재력을 키웠어. 1933년 일본 기업 소화기린맥주 주식회사에 주주로 참여한 것이 계기가 되어 광복 후 이를 이어받아 상표를 OB로 바꾸고 회사 이름도 동양맥주 주식회사로 고치는 한편, 박승직상점도 두산산업으로 바꾸어 재개업했어. 이것이 근간이 되어 장남 박두병이 현재의 두산그룹을 창업하기에 이르렀지.

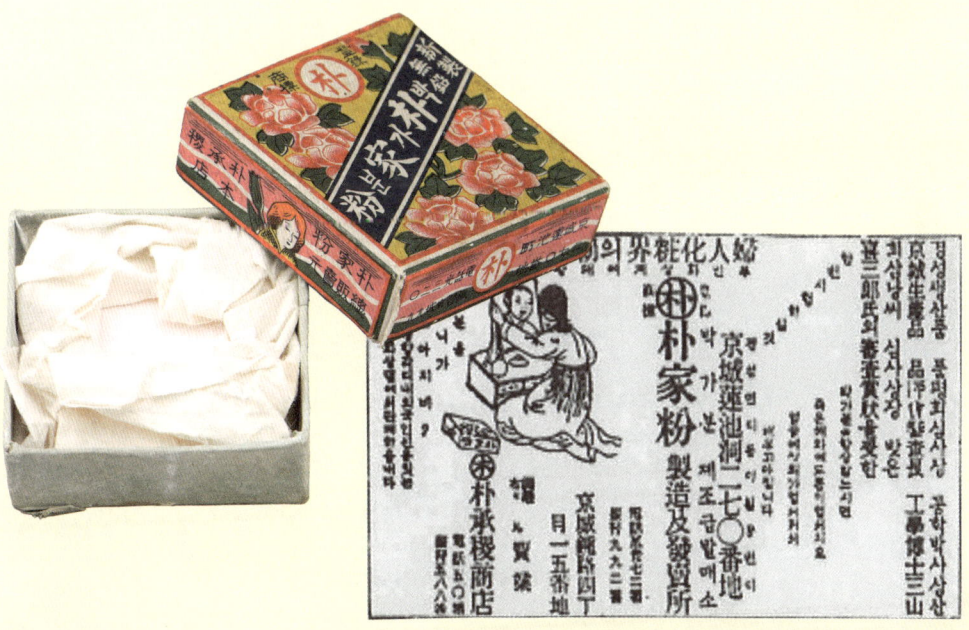

박가분과 부인 화장품계의 패왕 박가분(〈동아일보〉 1922. 2. 24. 발췌) 광고. _ ⓒ 국립민속박물관, 한국콘텐츠진흥원 문화콘텐츠닷컴

2 화신백화점

토종 백화점 화신, 일본 백화점에 맞서다

일본 백화점과의 경쟁에서 이긴 우리 손으로 세운 백화점 화신. _ ⓒ 한국콘텐츠진흥원 문화콘텐츠닷컴

조선에 진출한 일본 백화점 미츠코시가 대박을 터뜨렸어. 거대 자본으로 물건을 워낙 잘 갖춰 놓다 보니 일본인은 물론이고 조선 사람들도 단골이 되었지. 우리 땅에서 장사해도 다 일본 사람 주머니로 들어가니 조선 상인들은 죽을 맛이었어. 그래서 일본 백화점에 맞서고 나선 민족 백화점이 있다는데, 공룡처럼 거대한 일본 백화점을 과연 이길 수 있을까?

일본 백화점에 도전장을 내민
민족 백화점, 화신

미츠코시백화점은 그야말로 승승장구, 대박 행진이었어. 조선으로 들어오는 일본인도 늘어나고 일본 상점과 무역을 하는 상사들이 몰려오는 가운데 미츠코시백화점의 성공까지, 조선의 경제와 상인들의 어려움은 이루 말할 수 없을 정도였어.

그런데 여기에 제동을 걸고 나선 사람이 있어. 바로 화신백화점을 일군 박흥식 사장이야. 그는 평안도 용강에서 인쇄소를 하다 서울로 오면서 금은방을 운영하던 '화신상회'를 인수했어. 화신상회를 키워 다시 문을 연 것이 바로 화신

당시 경성에 들어선 최초의 백화점이라 할 수 있는 미츠코시백화점. ⓒ 한국콘텐츠진흥원 문화콘텐츠닷컴

백화점의 시작이었지. 규모나 물건 종수로 보면 미츠코시에 비할 바가 아니었지만 우리 손으로 세운 최초의 백화점이란 자부심이 컸어.

조선 사람들도 점차 화신백화점으로 발길을 돌렸어. 일본에게 주권도 빼앗기고, 이젠 상권까지 모조리 빼앗기게 생겼으니 조선 사람이 운영하는 백화점을 이용하자는 움직임이 일어난 거야. 박흥식 사장은 미츠코시보다 작은 화신백화점을 열정적으로 일궜어.

불타 버린 백화점을 다시 일구다

그런데 한창 백화점이 자리를 잡아 가고 있을 때 큰 어려움을 겪었어. 몇 년간 일군 백화점 건물이 불에 타서 순식간에 사라진 거야. 1935년 1월, 백화점 동관과 서관을 잇는 육교 아래에서 상인이 피운 불이 백화점에 옮겨붙었어. 날씨도 춥고 바람까지 불어 불은 순식간에 백화점을 뒤덮었어. 경찰관 수백 명과 여러 대의 소방차가 출동해서 가까스로 상황을 통제했지만, 3층짜리 화신백화점 서관은 잿더미가 되었어. 본래 동아백화점이던 동관은 안에 있던 상품들이 죄다 못쓰게 되어 버렸어.

그러나 박흥식 사장은 주저앉지 않았어. 건물은 불탔지만 창고에는 아직 팔 물건이 많이 있었으니까. 박흥식 사장은 백화점 임원들을 모아 놓고 일주일 안에 다시 백화점 문을 열겠다고 선언했어. 불탄 백화점을 일주일 만에 일으켜 세우다니, 가능한 일일까?

　　박흥식 사장은 무작정 총독부로 쳐들어갔어. "화신이 죽으면 조선 사람 사기도 죽습니다. 일주일 안에 화신을 다시 열겠다고 선언했으니, 종로경찰서 자리를 빌려 주시오!"라고 말했어. 결국 총독부의 허가가 떨어졌고, 이튿날부터 장안의 목수 수십 명을 불러다 화신백화점 맞은편 종로경찰서 자리에 임시 매장을 세웠어

위기를
기회로!

　　위기는 기회라 했던가? 이때부터 화신에 대박이 났어. 마침 민족 명절 설날 대목이었는데, 조선 속담에 불난 집에서 물건을 사면 불처럼 일어난다는 말이 있거든. 사람들은 비누 한 장, 양말 한 켤레라도 사겠다고 구름처럼 화신백화점에 밀려든 거야. 이거야말로 전화위복이었지.

　　결국 화신백화점은 일본 백화점과의 경쟁에서도 이길 수 있었고 새로운 화신백화점 건물도 멋지게 지었어. 박흥식 사장은 조선 제일의 갑부가 되었어.

　　그러나 이것은 박흥식 사장 혼자서 이룬 것이 아니라 고객이 되어 준 조선인이 함께 이룬 결과였어.

3 인천미두취인소

최초의 곡물 경매 시장이 열리다

일본인들이 자신들의 뜻대로 쌀을 더 많이 수탈하기 위해 1896년에 세운 인천미두취인소. ⓒ 한국관광공사

인천에 최초의 곡물 경매 시장이 열렸어. 시장의 이름은 인천미두취인소. 미두(米豆)는 쌀과 콩, '취인소'는 거래소를 뜻하는 일본어야. 쌀과 콩을 거래하는 게 뭐가 새롭냐고? 미두취인소는 쌀과 콩을 가지고 와서 사고파는 '현물 시장'이 아니라 물건 살 권리를 미리 거래하는 '선물 시장'이거든. 이것이 우리나라 최초의 곡물 경매 시장이야. 함께 구경 가 볼까?

붕어빵에 붕어 없고,
미두장에 미두 없다!

　미두장은 쌀이나 콩을 파는 곳이지만, 정작 쌀과 콩은 없고 사람들만 잔뜩 있어. 말했듯이 미두취인소는 쌀과 콩을 직접 거래하는 '현물 시장'이 아니라 미래의 물건 살 권리를 미리 거래하는 '선물 시장'이니까. '선물'이란 일정한 시기에 물건을 넘겨주기로 하고 먼저 권리를 사고파는 거야.

　간단한 예를 들어 볼까? 지금이 여름인데, 올가을에 수확할 쌀을 살 수 있는 권리를 미리 사 두는 거야. 쌀 100가마를 가마당 20만 원에 사 두었다 치자. 그런데 가을에 흉작이라 쌀값이 가마당 50만 원에 거래된다면, 선물로 미리 20만 원에 사 두었으니 실제 쌀을 20만 원에 산 거잖아. 이걸 바로 팔면 20만 원에 사서 50만 원에 파니 가마당 30만 원의 이익이 남는 셈이지. 반대로 가을에 풍작이라면 쌀값이 내릴 테니 손해를 보는 것이고.

　선물 시장에서는 제대로 찍으면 부자가 되고, 잘못 찍으면 한순간에 망하기 때문에 투자가 아니라 투기라고 보는 사람도 있어. 미두장에서 돈 좀 벌었다는 소문이 돌면 농사짓던 농부들도 쟁기 던져두고 달려오질 않나, 땅 팔고 집 팔아서 미두장에서 날리는 사람들도 허다했다고 해. 그러다 보니 투기니 사기니 그런 말들도 돌게 마련이지.

　그런 위험한 시장에서 크게 성공한 사람이 있었어. 바로 반복창이란 사람이야. 그는 일본인이 운영하는 정미소 사환을 거쳐 미두중매점 현장 대리를 지내면서 미두 시장에 대한 감을 길렀어. 몇 차례 예상이 적중해 큰 수익을 냈는데,

미두장에서 벌어들인 수익이 80만 원(현재 가치 100억)에 육박한다고 해. 그 정도면 작은 은행 자산에 맞먹는다고 하니 정말 대단하지?

안타까운 것은 미두왕으로 불리던 반복창은 큰돈을 벌어 유명세를 탔지만, 결국 미두로 전 재산을 탕진하고 걸인처럼 살아갔다는 안타까운 뒷이야기가 전해져.

인천미두취인소는
피 빨아들이는 악마굴

반복창 같은 사람 몇 명만 나와도 조선은 금방 부자 되었겠다고? 에고, 모르는 소리! 미두취인소는 처음부터 일본인들 좋은 일 시키자고 만들어진 곳인 걸! 조선 쌀 거래하는 미두취인소를 만들고 허가를 내준 건 모두 일본인들이었어. 북 치고 장구 치고 일본이 다 한 거지. 합법적인 것처럼 만들어 놓고는 대놓고 곡식 뺏어 가고, 돈까지 뺏어 가는 꼴이었어.

잡지 《개벽》 56호에서 '인천아, 너는 어떤 도시?'라는 제목의 글에 "인천미두취인소는 피 빨아들이는 악마굴"이라는 말이 나올 정도였어. 미두 가격이 아무리 좋다 한들 인천 백성들과 인천부에는 어떤 도움도 되지 않았어. 우리가 생산한 미두를 거래하는 곳인데도 중매인 20명 중 조선 사람은 두세 명 있을까 말까이고, 죄다 일본인이었지. 우리가 생산한 미두를 거래하는데 조선 사람을 못 오게 막은 건 우리 곡물과 자본을 수탈하기 위한 일본의 철저한 계산에서 비롯한 것이었어.

    일제 강점기 이후로는 일본으로 나가는 미두가 현격하게 늘어났어. 우리가 생산하는 쌀의 절반은 일본이 가져갔으니 조선 사람들이 배고픔에 허덕이는 건 당연한 일이었지. 결국 미두는 증권 거래처럼 투명한 투자가 아니라, 우리 민족의 곡식과 돈을 빼 가려는 일본의 속셈이 숨겨진 것이었어.

쌀이 아니라 사람들로 가득했던 당시의 인천미두취인소 풍경과 미두 거래 내역을 정리한 전표. ⓒ 한국관광공사, 인천개항박물관

1892

정미소 **4**

참새가 방앗간을 지나쳐 정미소로!

곡식을 수확하면 껍질을 벗겨야 먹을 수 있는 거 알지? 우리 조상들은 방아를 찧고 맷돌을 돌려 쌀로 만들었어. 이 일이 얼마나 고되고 지루했으면 동네마다 〈방아 타령〉이 울려 퍼졌을고? 그런데 방아에 혁명이 일어났어! 방앗간이란 이름 대신 '정미소'가 되더니, 우당탕탕 굉음을 내는 기계를 동원해 뚝딱뚝딱 희고 고운 쌀을 쏟아 낸다지 뭐야. 소문 듣고 몰려든 손님들로 넘쳐나는 정미소를 둘러볼까?

스팀 동력, 즉 증기를 이용하는 근대식 시설을 갖춘 최초의 정미소였던 타운센트정미소 전경이다. _ ⓒ 인천시립박물관

경제_ 조선의 살림살이는 나아졌나

타운센트상사,
정미기로 빅히트!

미국의 무역 회사 타운센트상사가 미국에서 특허받은 정미기를 들여왔어. 이 제품으로 말할 것 같으면 곡식의 껍질을 벗기고 부드럽게 해서 먹기 좋은 쌀로 만들어 주는 기계야.

일본 사람들이 질 좋은 경기미를 일본으로 가져가려고 인천에 쌀을 모아들였어. 타운센트는 이런 상황에서 최고의 돈벌이를 생각해 냈어. 그게 바로 정미소야.

곡식의 껍질을 벗겨 무게는 줄이고 맛도 좋아 가격도 더 받을 수 있는 쌀로 바꿔 주니 반응이 폭발적이었어. 정미소에서 정미한 쌀은 수정처럼 깨끗하다 해서 수정미란 이름이 붙을 정도였어. 정미기에 돌을 골라 주는 기능까지 있었으니까 수정미란 이름이 그럴싸했지.

타운센트가 미국에서 들여온 정미 기계는 모두 4대야. 석탄을 태워서 생기는 스팀을 동력으로 돌리는 기계였어. 1대를 24시간 꼬박 돌리면 32가마의 쌀을 정미할 수 있었어. 그 속도와 정미 기술은 방아 찧고 맷돌을 돌려 껍질을 벗기던 농부와 아낙들에게는 충격 그 자체였지. 방앗간 대신 정미소라는 이름으로 불린 그곳에서는 벼가 신기한 기계에만 들어갔다 나오면 순식간에 뽀얀 쌀이 되었어. 방아의 대혁명이라 할 수 있었지.

인기 최고
담손이 방앗간

　타운센트는 본래 광산 기사였다고 해. 일본에서 김옥균에게 빌려 준 돈을 받기 위해 조선에 왔다가 장사에 뛰어들었어. 석유를 수입해서 팔기도 했는데, 정미소까지 성공을 거두어 큰돈을 벌었어.

　인천에 자리 잡은 타운센트정미소를 보겠다고 전국 각지에서 사람들이 몰려들었어. 그들은 하나같이 이곳을 '담손이 방앗간'이라고 불렀어. 대체 왜 '담손이 방앗간'일까? '담손이'는 '타운센트'라는 생소한 영어 발음이 입에서 입으로 전해지다 생긴 이름이었어. 타운센트보다 훨씬 정겨운 이름이지?

　그 후 1920년대가 되면서 일본인이 운영하는 정미소가 우후죽순 생겨났어.

Kanjo Bank, Keijo 漢城銀行

5 한성은행

최초의 은행 대출 담보가 당나귀라고?

남대문통 1정목에 자리 잡은 우리나라 최초의 근대 은행인 한성은행. _ ⓒ 한국콘텐츠진흥원 문화콘텐츠닷컴

대출이란 돈이나 물건 따위를 빌려 주거나 빌리는 것을 말하는데, 요즘엔 대개 은행에서 돈을 빌리는 것을 말하지. 은행에서 돈을 빌리면 그 빌린 돈과 함께 이자를 내니 은행은 그것으로 돈을 벌어. 이때 은행은 그냥 빌려 주지 않고 담보를 잡는데, 대출을 갚지 못했을 때를 대비해 빌린 돈에 상응하는 것을 은행에서 잡아 두는 거야. 마치 전당포처럼 말이야.

그런데 우리나라 최초의 은행에서 첫 대출 담보로 잡은 게 다름 아닌 당나귀였다는 거 아니? 어쩌다가 이렇게 기상천외한 담보를 잡게 되었는지 함께 들어 보자.

초가집 전당포 건물에서 시작된
최초의 은행

1897년 2월, 지금의 서울 안국동에 새로운 상호가 내걸렸어. 이름은 한성은행. 우리나라 최초의 은행이 문을 연 거야. 그런데 은행 건물이라고 하기엔 조금 초라했어. 방 2개에 마루 딸린 20평 남짓의 허름한 초가집이었거든. 방 하나는 은행장실, 나머지 하나는 은행원들의 업무실, 마루는 손님들의 대기실이었지. 이곳은 은행이 생기기 전 한성전당포가 있던 자리였어. 최초의 은행장은 고종 황제의 사촌인 이재완이 맡았고, 이후 조직을 바꾸면서 좌총무에 이보응, 우총무에 이완용의 조카 한상용이 앉게 되었어.

한성은행의 주요 업무는 일본에서 돈을 빌려다가 그것을 다시 한국인들에게 이자를 받고 빌려 주는 대출 업무였어. 그러나 은행 문을 연 직후에는 대출이 이뤄지지 않았어.

대구 상인 당나귀 맡기고
첫 대출

한성은행을 찾은 첫 손님은 대구에서 올라온 상인이었어. 물건 살 자금이 부족해서 돈을 빌리러 한성은행을 찾았지. 은행에서 담보를 요구하자, 그 상인이 담보로 내놓은 건 바로 당나귀였어. 서울 올 때 타고 온 당나귀가 담보로 걸 유

일한 자산이었거든. 은행 대출 담보로 당나귀라니! 은행은 무척 당혹스러웠겠지? 된다, 안 된다 실랑이를 벌이긴 했지만, 결국 한성은행은 당나귀를 담보로 그 상인에게 돈을 빌려 주었어. 은행 역사상 최초의 대출 담보 1호로 당나귀가 자리매김하는 순간이었지.

    대출을 해 준 것으로 끝나지 않고 그 상인이 돈을 갚으러 올 때까지 살아 있는 당나귀를 잘 먹이고 돌봐야 했으니, 한성은행으로서는 그 또한 참 난감하지 않았을까?

한성은행의
흥망성회

　한성은행은 대출 손님을 끌어들이기 위해 〈독립신문〉에 광고를 내기도 했어. 한성은행이 알려지면서 대출 고객은 폭발적으로 늘어났어. 당시 한성은행은 일본 은행에서 돈을 빌릴 때 내는 이자보다 2배 넘는 이자를 고객에게 받으면서 많은 돈을 벌었어. 그렇긴 해도 당시 다른 곳에 비해서는 한성은행 이자가 쌌기 때문에 고위층을 중심으로 한성은행에서 대출을 많이 했지.

　그러자 객주들의 방해가 심했어. 객주는 상인들의 물건을 맡아서 대신 팔아 주어 수수료를 챙기거나 판매자와 소비자를 연결해 주는 무역 중개상이었어. 은행이 생기기 전에는 객주에서 대출을 독점해 운영했기 때문에 한성은행이 생긴 후 손해가 많았지. 은행 영업을 방해하려는 객주들의 돌팔매가 날아드는 바람에 직원들이 손님과 이불을 둘러쓰는 등 웃지 못할 일도 많았어.

　한성은행은 잠시 휴업을 했다가 1903년 공립한성은행으로 다시 설립되어 황실과 정부 재산, 금융 업무 등을 보았어. 그러다 1928년 조선식산은행에 흡수되었고, 1943년 동일은행과 합병해 조흥은행으로 발전했고, 지금의 신한은행에 이르렀어.

1

복음과 함께 들어온 개화의 물결

최초의 선교사(1885)

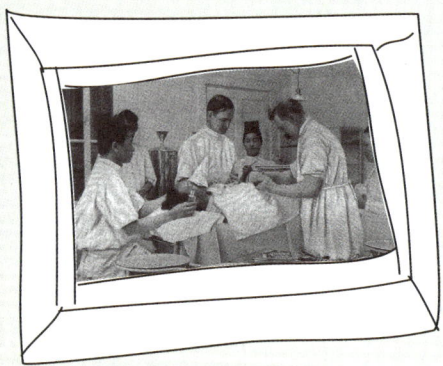

2

**갑신정변 때문에 최초의
서양 병원이 생겨났다고?**

제중원(1885)과 의학교(1886)

3

교육에도 예외 없는 신바람 열풍

근대 학교(1883)

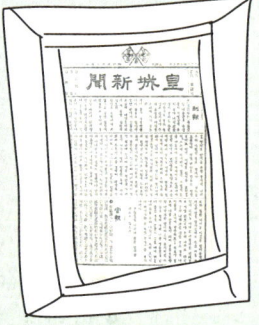

4

"밥 짓고 옷 짓는 일만 여자 일 아니외다!"

찬양회(1898)

제 4 전시실

복음과 함께 들어온 교육과 의료

5
남녀평등은 교육으로부터!
신여성의 산실 여학교

여학교(1886)

교육과 의료

아는 것이 힘이다! 배워야 산다!
근대로 넘어오는 급격한 사회 변화는 교육과 종교의 변화와 밀접한 관련이 있어. 이들은 서로 맞물려 영향을 주고받았어. 사회가 변하니 새로운 교육이 필요했고, 달라진 교육으로 사람들의 의식이 바뀌었지. 또 근대화 과정에서 새롭게 등장한 기독교는 종교는 물론 근대 교육이 자리 잡는 데 큰 역할을 했어.

개항 후 정부는 전통적 유교 교육을 청산하고 서구의 신문화를 받아들이기 위한 신식 교육에 나섰어. 외국인과의 교섭이 눈앞에 닥친 시급한 문제였기 때문에 외국어 교육을 위한 영어 학교나 양반 자제들이 다니는 육영공원 등을 열게 되었어.

기독교 선교사들은 기독교 사상을 전하는 데 본 목적이 있었지만, 자주정신과 평등사상에 바탕을 둔 교육을 실시했고, 무엇보다도 여성을 학교로 이끌었다는 점에서도 큰 역할을 했어. 또 근대식 교육과 교육 제도를 우리나라에 정립하는 계기도 마련했어.

한편 민간인들도 학교 설립에 적극적으로 나서기 시작했어. 제국주의 열강의 침략에 맞서 국가를 지키기 위해서는 교육이 절대적이라고 생각한 사람들이 학교를 세우기 시작했지. 조선의 미래가 교육에 달려 있다는 절박한 마음으로 근대 교육에 앞장섰던 사람들 사이에서는 "아는 것이 힘이다. 배워야 산다."가 구호였어. 이때의 교육은 단순히 개인의 지식과 지성을 위한 것이 아니라 국가를 지켜 내고 살아남기 위한 실력을 키우는 것이 목적이었지.

1 최초의 선교사

복음과 함께 들어온 개화의 물결

인천 제물포항에 첫발을 내디딘 아펜젤러와 언더우드 선교사를 기념하기 위해 인천 항동에 세워진 한국기독교 100주년 기념탑에는 아펜젤러 부부와 언더우드 선교사의 동상이 세워져 있다.

근대 문물을 받아들인 개항장 제물포는 곧 기독교 선교의 관문이 되기도 했어. 조선에 들어온 기독교는 단순히 종교로서만이 아니었어. 선교사들이 시작한 교육은 근대 교육의 시작이 되고, 의료 선교의 현장은 우리나라 근대 의료의 시작이 되었거든. 남성 뒤에서 서성이던 여성을 학교로 이끌어 내면서 여성 교육에 미친 영향력도 매우 컸어. 미국 선교사로서 조선에 첫발을 디딘 두 명의 선교사, 아펜젤러와 언더우드를 만나 보자.

제물포에 첫발 디딘
푸른 눈의 선교사들

1885년 4월 5일 부활 주일, 나란히 제물포항에 첫발을 내디딘 두 명의 외국인 선교사가 있었어. 미국에서 건너온 아펜젤러(Henry Gerhard Appenzeller)와 언더우드(Horace Grant Underwood)가 바로 그들이었지. 조선에서 기독교 선교가 시작된 순간이자 본격적인 근대 교육이 뿌리내리는 순간이었어. 그 전에도 외국 선교사들이 중국과 일본을 오가는 조선 사람들에게 복음을 전하기도 하고, 알렌(Horace Newton Allen) 선교사의 경우 미국 대사관 의사 자격으로 조선에 먼저 와 있기는 했지만 조선 정부가 선교 활동을 정식으로 인정한 건 이들

1885년의 제물포항과 그곳에 내린 아펜젤러(왼쪽)와 언더우드(오른쪽) 선교사.
ⓒ 인천항만공사 사이버홍보관, 이길극

교육과 의료_ 복음과 함께 들어온 교육과 의료 127

이 들어온 1885년부터였어.

　이들은 같은 날 인천에 도착했는데, 각각 다른 곳에서 선교를 시작했어. 아펜젤러는 아내가 임신 중이어서 인천에 잠시 머물다가 다시 일본으로 가야 했어. 당시 조선이 갑신정변으로 어수선한 상황이었거든.

　이후 아펜젤러 선교사는 인천에 자리를 잡고 조선 사람들과 소통하려고 노력했어. 인천에서 중국인들이 모여 사는 곳에 초가집을 빌려서 자리를 잡고 예배를 드리기 시작한 것이 1885년 7월 7일이었어. 이것이 조선에서 시작된 첫 교회 예배이고, 우리나라 첫 교회인 인천 내리교회의 모태가 되었어. 내리교회가 시작된 후 정동제일교회, 새문안교회 등 개신교 교회들이 많이 생겨났지.

　인천 내리교회에서는 우리나라 최초의 초등학교가 시작되었어. 조선의 여자아이들이 교육을 받지 못하는 것이 안타까워 영화학당이란 이름으로 학교를 시작했고, 이것이 영화초등학교로 발전한 거야.

　한편 언더우드 선교사는 혼자서 서울로 갔어. 그는 미국에서 1년간 의학 공부를 했기 때문에 한국 최초의 서양식 병원인 광혜원에서 환자들을 돌보는 일을 시작했어. 광혜원이 제중원으로 바뀌고 의학교가 생겼을 땐 물리와 화학을 가르치는 교사로 일하기도 했지. 선교사들은 성경을 들고 다니며 복음을 전하기보다 교사나 의사로 일했어. 그 후 언더우드 선교사는 고아원, 경신학교, 새문안교회를 세우고, 성서 번역과 한영사전과 영한사전, 〈그리스도 신문〉 창간, 기독청년회 YMCA를 설립하며 다양한 방면에서 선교를 펼치는 한편 우리나라 근대 교육의 기반을 마련했어.

복음과 함께 전해진
근대 교육의 물결

조선에 들어온 기독교 선교사들은 종교만 전한 것이 아니라 교육과 의료 활동에 힘을 쏟아 결국 우리나라 근대화에 박차를 가하는 계기를 마련해 주었어. 조선 곳곳의 학교와 병원이 선교사들에 의해 세워졌고, 선교사가 번역한 한글 성경은 한글 대중화에 기여하기도 했어. 많은 인재들이 교회를 통해 배출되면서 조선 발전에 밑거름이 되고, 일제 강점기에는 교회를 중심으로 수많은 독립운동가들이 배출되기도 했어. 김구 선생은 내리교회에서 교인들의 민족의식을 높이는 특강을 한 적도 있었어.

내리교회 교인들과 영화학교 학생들 모습이다. 많은 인재들이 교회를 통해 배출되면서 조선 발전에 밑거름이 되고, 일제 강점기에는 교회를 중심으로 수많은 독립운동가들이 배출되었다. _ ⓒ 인천개항박물관

1885
1886

2 제중원과 의학교

갑신정변 때문에 최초의 서양 병원이 생겨났다고?

알렌의 제안으로 건립하게 된 서양식 병원 제중원은 중생을 구한다는 뜻을 지닌다.
_ ⓒ 동은의학박물관

1884년 12월 4일 저녁, 우정국 축하연에서 명성황후의 조카이자 개화에 힘쓰던 민영익이 칼에 찔려서 목숨이 위태로운 지경이었어. 이때 기적처럼 민영익을 살린 사람이 다름 아닌 미국인 의사 알렌이었어. 그런데 이 사건이 최초의 서양식 병원을 세우는 계기가 되었다는 말씀! 민영익과 알렌, 고종 사이에서 이루어진 서양식 병원의 건립 이야기, 함께 들어 보자.

130 제 4 전시실

도와줘요, 미스터 알렌!

갑신정변 때 칼에 찔린 민영익은 생명이 위독했어. 당시 조선에는 일본인을 제외하고는 단 한 명의 의사가 있었는데, 그가 바로 미국 대사관 의사로 와 있는 알렌이었어. 그는 장로회 선교사이기도 했는데, 신변의 안전을 위해 의사 자격으로 와 있었어.

알렌은 서양 의학이 이런 것이다, 입증이라도 하듯 민영익을 완치시켰어. 알렌이 고종과 명성황후의 신임을 얻게 된 건 당연한 일이었지. 이때 알렌은 서양식 근대 병원을 세울 것을 제안했고, 고종과 명성황후는 흔쾌히 승낙했어. 이렇게 알렌의 제안으로 조선에 첫 서양식 병원이 세워졌고, 그게 바로 제중원이야. 처음에는 광혜원이란 이름으로 추진되었다가 병원 건립 과정에서 제중원으로 이름을 고쳤어.

제중원 건립은 준비된 일

제중원은 알렌의 말 한마디로 어느 날 갑자기 세워진 걸까? 그럼 갑신정변 때 민영익이 칼에 찔리지 않았다면 서양식 병원의 설립은 언제 이루어질지 몰랐다는 말씀?

이런 말 아니? '역사는 하루아침에 이루어지지 않는다'는 말. 제중원은 우연한 계기로 갑작스레 세워진 게 아니라, 이미 근대 의학과 서양식 병원 설립에 대한 필요성을 느끼며 준비하고 있었다는 말이야. 민영익 사건이 아니었어도 서양식 병원이 세워지는 건 시간문제라 할 정도로 코앞에 닥친 현실이었어. 부산에서는 1877년에 일본인이 세운 제생의원이란 서양식 병원이 생겨 조선인들도 진료를 받고 있었고, 서울에는 1883년에 일본공사관의원이 생겨 서양식 진료가 진행되고 있었어. 실학자들은 물론 언론에서도 서양식 병원의 필요를 제기하고 있었어. 1884년 3월 27일(음력)자 〈한성순보〉에는 '각 항구에 서의학당을 설립하여 조선인 서양 의사를 길러야 한다'는 논설이 실려 있어. 고종과 정부도 서양 의학을 받아들여 병원을 세워야 한다고 느끼고 있었어.

혜민서와 활인서는 일반 백성들의 질병을 담당하는 의료 기관이야.

그때까지 조선의 의료 기관은 크게 내의원, 전의감, 혜민서, 활인서가 있었어. 내의원은 왕 전담 주치의로 왕의 약을 조제하던 관청이었고, 전의감은 궐에 필요한 약재를 공급하거나 약재를 하사하는 일을 관장하는 왕실 의약 기관이었어. 내의원과 전의감의 의료 혜택을 받을 수 있는 사람은 왕과 왕비, 세자 등 왕실 가족이나 고위 관료들뿐이었지.

일반 백성들의 치료는 혜민서와 활인서에서 이루어졌어. 혜민서는 백성에게 은혜를 베푸는 관청이란 뜻이고, 활인서는 사람을 살리는 관청이란 뜻이야. 혜민서가 일반 백성의 질병을 담당하는 관청이라면, 활인서는 주로 무의탁 병자를 수용하고 전염병이 돌 때 임시로 병막을 지어 환자의 간호를 담당했어. 환자가 죽으면 묻어 주는 일도 활인서의 몫이었다고 해. 지방에는 혜민서와 활인서 등에 해당하는 공식적 의료 기관이 없었어.

시대가 그랬듯이 의료의 근대화도 거스를 수 없는 대세였어. 고종과 정부는 이미 그 준비를 하고 있었어. 일본 시찰단이 서양식 의료 시설을 관심 있게 보고 오는가 하면 혜민서와 활인서를 폐지하고 의료 시설을 크게 바꿀 계획을 세우고 있었거든. 알렌보다 앞서 감리교 선교사 맥클레이가 서양식 병원 설립을 제안했을 때도 이를 허락한 상태였고. 이런 상황에서 민영익 사건이 터지면서 서양식 근대 병원 설립은 박차를 가하게 된 거야. 1885년 4월 고종과 조선 정부는 통리교섭통상사무아문(지금의 외교통상부) 산하에 최초의 서양식 근대 병원인 제중원을 설립하기에 이르렀어.

대역 죄인의 집이
근대 병원으로

제중원 건립은 갑신정변과 같이할 수밖에 없는 운명이었던 걸까? 최초의 제중원이 세워진 곳은 갑신정변에 가담했던 홍영식의 집이었어. 홍영식은 갑신정변을 일으킨 개화당의 중요한 인물이었어. 새로 신설된 우정국의 최고 관리가 되어 우정국 축하연 때 김옥균, 박영효 등과 갑신정변을 일으켜 신정부를 조직하고 우의정이 되었어. 그러나 청나라의 개입으로 3일 천하로 신정부가 무너지자 한순간에 대역 죄인이 되어 처형된 인물이야.

역적이 된 홍영식의 집은 국가 재산이 되었는데, 그의 집이 넓은 한옥이었기 때문에 진찰실, 수술실, 입원실, 대기실 등 병원의 기본 시설을 갖출 수 있었어.

고종이 하사한 당나귀를 타고 왕진을 나가는 알렌의 모습이다. _ ⓒ 동은의학박물관

환자들이 늘어나면서 제중원은 구리개(현재 을지로 입구 외환은행 본점 자리)로 옮기게 되었어.

제중원은 첫 1년 동안 1만 460명의 환자를 진료했다는 기록이 남아 있어. 궁궐의 귀족부터 일반 백성, 걸인, 나병 환자에 이르기까지 다양했고, 여성 환자들도 800명이 넘었다고 해. 양반들은 왕진을 요청했고, 지방에서 진료를 받으러 오는 환자들도 적지 않았어. 근대 병원이 세워지긴 했지만 서양 의술을 갖춘 조선인 의사가 없었기 때문에 환자 진료는 알렌이 맡았어. 그 후 스크랜턴, 헤론, 하디, 빈튼, 에비슨 등 의사 자격을 갖춘 선교사들이 함께 진료를 했지.

제중원 의학당, 최초의 의과 대학

근대 병원 제중원이 문을 열었으니 조선인 의사들을 길러 내는 것은 당연한 순서였어. 1886년 3월 29일, 우리나라 최초의 의과 대학 '제중원 의학당'이 문을 열었어. 정부는 건물과 예산을 제공하고 학생들을 선발했고, 알렌이 교수들을 섭외하고 교육에 필요한 의학 도구 등을 준비했어.

처음에 선발된 학생은 16명. 그중 12명이 본과에 올라갔어. 영어, 물리, 화학, 해부 등 기초 과목은 물론 의료 기구 다루는 법, 약 조제법, 환자 간호법 등을 배웠어. 그러나 1890년경 제중원 의학당의 교육이 중단되면서 졸업생은 한

명도 배출되지 못했어. 여기에는 운영 예산의 부족, 알렌 등 미국인 교수진의 이탈, 선교사와 기독교에 대한 학생들의 거부감, 학생들의 학구열 부족 등 여러 요인이 있었다고 해. 야심차게 출발한 첫 의학교가 성과를 거두지 못했다니 정말 안타까울 따름이야.

제중원 의학당에서 사용하던 교재들.
ⓒ 동은의학박물관

파란만장 1894년, 근대 병원
제중원이 외국인 손에

1894년은 정말이지 파란만장한 해였어. 동학 농민 혁명으로 시작해, 조선의 이권을 놓고 벌어진 청일 전쟁, 이어진 갑오개혁. 한 해 동안 무슨 사건이 그리도 많았는지! 마치 우리 민족에게 닥쳐올 험난한 역시를 예고라도 한 걸까? 결국 1894년 7월 23일 새벽, 일본군에 의한 김홍집 친일 내각이 시작되었으니 말이야. 조선은 허울뿐이고 일본이 모든 걸 좌지우지하는 상황에 놓이게 되었지.

이런 상황에서 고종은 제중원의 운영권을 미국 북장로회*에 넘기기로 결정했어. 의료 선교사 에비슨의 요청을 받아들인 것인데, 일본에 속수무책으로 뺏기는 것보다는

> **미국 북장로회** 근대 부산과 경상남도 지역에 교회를 개척한 미국 북장로교의 선교부로, 호주 장로교의 선교 활동에 이어 두 번째로 부산에서 선교 활동을 전개한 기독교 선교 단체이다.

그 편이 낫다고 판단한 거야.

에비슨이 운영하던 제중원은 미국인 실업가 세브란스가 병원 설립 기금을 기부하면서 새 병원을 건축하게 되었어. 1902년 시작된 병원 공사는 1904년 9월 3일 완공되었고, 기증자의 이름을 따서 '세브란스병원'이라 이름 붙였어. 그 후에도 이어진 세브란스의 기부로 세브란스병원 운영과 의학교가 설립될 수 있었고, 세브란스가 세상을 떠난 후에도 그 자녀들의 후원이 이어졌어.

비록 우리 손으로 끝까지 지키지는 못했지만 제중원은 한국의 의학 발전에 큰 밑거름이 되었어.

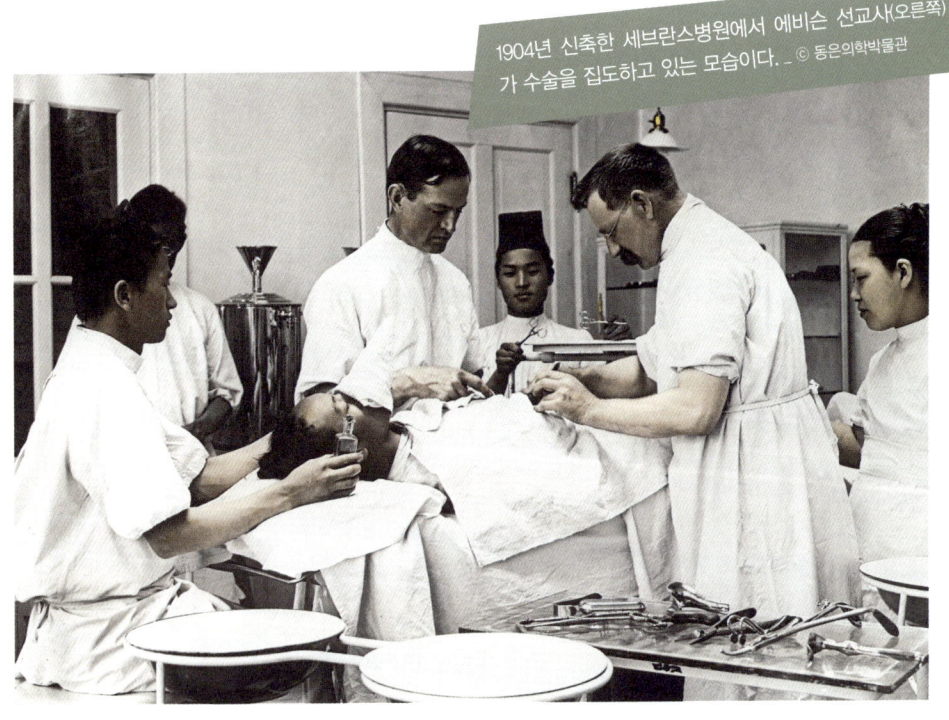

1904년 신축한 세브란스병원에서 에비슨 선교사(오른쪽)가 수술을 집도하고 있는 모습이다. _ ⓒ 동은의학박물관

한국인 최초 서양 의학 의사 서재필

근대 사회에서 의사는 정해진 법령과 규칙에 따라 의학 교육을 마치고, 국가가 공인하는 면허를 부여 받았을 때 비로소 의사라는 칭호를 얻을 수 있었어. 이전에는 의과에 급제하여 관료로서 일하는 사람도 있기는 했으나, 그 외 대부분의 사람들은 정식 의학 교육을 받지 않고 약간의 의학적 지식을 갖추면 의사로 일을 하거나 스스로 의사라고 칭했어.

우리나라 최초로 서양 의학 교육을 정식으로 마치고 의사 면허를 취득한 사람은 서재필이야. 그는 1892년 6월 컬럼비아 의과 대학(지금의 조지워싱턴 의과 대학)을 졸업하고 의사 면허를 받은 후 의사로 활동했어.

서재필은 10대 때 개화사상을 가진 김옥균, 박영효 등과 친분을 가진 것을 계기로 21세 젊은 나이에 갑신정변에 참여한 인물이기도 해. 갑신정변이 실패로 돌아가면서 일본으로 몸을 피했다가 결국 미국으로 망명했지. 조선에 남겨진 가족들은 서재필이 대역 죄인이 되면서 자살하거나 참형을 당하고, 어린 아들은 굶어 죽는 등 큰 고통을 당했어.

서재필은 미국에서 홀로 아픔과 어려움을 이겨 내고 1892년 6월 컬럼비아 의과 대학을 졸업하고 의사 면허를 받았어. 이로써 한국인 최초의 서양 의사가 탄생했지.

한편 한국인 최초의 여의사는 1900년 6월 볼티모어 여자 의과 대학(지금의 존스홉킨스대학교)을 졸업한 박에스더가 있어. 그녀는 한국 근대 최초의 여의사로 평양기홀병원 등에서 일했는데, 결핵으로 일찍 사망하고 말았어.

서재필(1864~1951)은 독립운동가이자, 우리나라 최초의 민간 신문인 〈독립신문〉을 발간했다. _ ⓒ 서재필기념회, 한국콘텐츠진흥원 문화콘텐츠닷컴 제공

박에스더(1876~1910)는 본명이 김점동이고, 우리나라 최초의 여성 전용 병원인 보구여관에서 진료를 했다. 연간 수천 명의 환자를 휴일도 없이 돌보고 평안도, 황해도 지역으로 가마나 당나귀를 타고 진료하러 다녔다는 일화로 유명하다. _ ⓒ 한국콘텐츠진흥원 문화콘텐츠닷컴

3 근대 학교

교육에도 예외 없는 신바람 열풍

옛 배재학당의 교실로 사용되었던 동관을 복원한 건물로 지금은 배재학당역사박물관으로 사용하고 있다. 1916년에 건립된 이 건물은 처음 지어질 때의 모습을 잃지 않고 있으며, 건물의 형태도 매우 우수하여 한국 근대 건축의 중요한 지표가 된다. ⓒ Ryuch

학생이라면 누구나 꿈꾸는 학교, 바로 신바람 나는 학교가 아닐까? 근데 말이야, 우리나라 교육에 신바람 열풍이 불어왔어. 서당에서 하늘 천, 따 지…… 읊는 교육에서, 영어도 배우고 수학도 배우는 서양식 교육으로 바뀌었다는 말씀! 살림만 하던 여성들이 직접 여학교를 세우기도 하고 말이야. 정말 대단한 변화지? 새롭게 배워 보자는 신식 열풍, 근대화 속에서 우후죽순 생겨나는 신(新)바람 학교들을 만나 볼까?

원산학사, 서당을 신식 학교로!

을사늑약으로 개항한 곳이 인천, 부산, 원산이란 거 기억하지? 원산학사는 1883년에 원산에 세운 우리나라 최초의 근대식 학교야. 개항과 함께 밀려든 일본 상인들로 원산 지역은 많은 피해를 입고 있었어. 덕원·원산 지방 사람들은 새로운 세대에게 신지식을 가르쳐야 밀려오는 외세에 맞서 이길 수 있다고 믿었어. 이에 기존 서당을 '원산학사'라는 근대식 학교로 고쳐 운영하게 되었어. 초기에는 문예반 50명, 무예반 200명을 정원으로 했어. 학교 설립 기금을 낸 사람의 자녀뿐만 아니라, 덕원·원산에 살고 있는 재주 있는 자, 다른 지방 사람이라도 입학금을 내는 자, 무예반에 들어오려는 무사 등 다양하게 문을 열어 두었어. 산수, 격치(물리), 농업, 양잠 등의 공통 과목과 경서와 병서 등의 특수 과목을 가르쳤어. 이후 갑오개혁을 거치면서 소학교와 중학교로 나뉘었고, 일제 강점기에는 원산보통학교, 원산제일초등학교 등으로 개편되어 1945년까지 지속되었어.

배재학당, 선교사가 세운 첫 학교

외국 선교사들은 복음과 함께 다양한 근대 문화의 전파자이기도 했어. 교육과 의료 분야를 통해 선교를 펼치면서 적지 않은 영향을 미치게 되었어. 배재학당은 선교사가 세운 첫 번째 학교로, 1885년 8월 미국 선교사인 아펜젤러가 두 명의 학생을 가르친 것이 그 시작이었어. '배재학당(培材學堂)'이란 이름은 고종이 직접 하사한 거야.

배재학당의 교육은 "통역관을 기르거나 우리 학교에 필요한 일꾼을 가르치는 것이 아니라, 자유의 교육을 받은 사람을 내보내는 것"에 목적을 두었어. 그리스도교인과 국가 인재를 길러 내기 위해 일반 학과와 함께 연설회, 토론회 등을 열어 열린 교육을 실시했어. 배재학당에는 최신식 인쇄 시설이 갖추어져 있었는데, 이것이 우리나라의 첫 인쇄 시설이었지.

배재학당 학생들의 야외 수업 모습이다.

육영공원,
국가적인 글로벌 영재를 기르다

육영공원은 '젊은 영재를 기르는 공립 학교'라는 뜻이야. 1886년 9월 23일에 문을 열었어. 강화도 조약(1876) 이후 서양 근대 문명이 물밀 듯 들어오고 정부에서도 선진 문물을 도입하기 위해 해외에 사절단을 파견하고 있는 상황이었으니 글로벌 인재를 길러 내는 국립 학교는 꼭 필요한 시설이었어. 민영익, 홍영식, 서광범, 변수 등 일본, 중국, 미국을 두루 경험한 사람들도 국가 근대화를 위해서 근대 학교를 설립해야 한다고 주장했지. 갑신정변 등 나라가 혼란을 겪으면서 학교 건립이 미뤄지다 미국에서 헐버트, 길모어, 벙커 등 세 명의 교사가 오면서 비로소 학교가 문을 열게 되었어.

육영공원에서 가장 중요하게 여긴 학문은 단연 외국어, 그중에서도 영어였어. 독서, 습자, 학해자법(한문 조합 원리), 산학, 사소습산법(계산 훈련), 지리, 학문법 등의 기초 과정과 대산법, 제반학법-제반역학자(역학 관련 자연과학), 만물격치(물리 관련 자연과학), 각국의 언어·역사·정치 등도 가르쳤어. 육영공원은 우리 교육이 근대적 신교육으로 발돋움하는 역할을 했어.

그러나 입학 자격이 젊은 현직 관료와 양반 자녀들에게만 주어지고, 외국인 교수만을 채용해 지나치게 영어 교육을 강조하는 등 국민 교육 기관이라 하기엔 한계가 있었어. 거기에 재정난 등이 겹쳐 설립 8년 만인 1894년에 문을 닫았어.

한편 육영공원이 생기면서 우리나라 최초의 외국어 학습 기관인 '동문학'은

육영공원에서 영어 수업을 하고 있는 헐버트 박사의 모습이다. _ⓒ 헐버트박사기념사업회

문을 닫게 되었어. 1883년에 설립된 동문학은 국가적으로 영어 통역관을 양성하는 게 목적이었는데 육영공원이 영어 교육을 강화하면서 설 자리를 잃고 3년 만에 문을 닫았어.

"밥 짓고 옷 짓는 일만 여자 일 아니외다!"

서울 북촌의 양반 부인 400여 명이 신문에 낸 의견이 화제야. 여성도 남성과 똑같은 사람이니 여학교를 세워서 배우게 하고 정치나 직업에도 참여하게 하라는 내용이야. 양반집 부인들은 누구보다 남녀가 유별하다는 걸 강조하던 사람들이잖아? 누군가는 세월이 수상하다 어떻다 말이 많지만, 세상이 변하긴 변한 모양! 이 당차고 패기 넘기는 여성들, 무슨 일을 내도 낼 것 같아. 이 여성들을 둘러싼 다양한 이야기를 만나 보자.

1898년 9월 8일자 〈황성신문〉에 실린 한국 최초의 여성권리선언문 기사인 찬양회 통문(왼쪽)과 1898년 9월 8일자 〈독립신문〉에 실린 여학교설시 통문. _ ⓒ 한국콘텐츠진흥원 문화콘텐츠닷컴

교육과 의료_ 복음과 함께 들어온 교육과 의료

한국 최초의
여권선언문을 발표하다

통문 여러 사람의 성명을 적어 차례로 돌려 볼 수 있도록 통지하는 문서.

1898년 9월 1일, 서울 북촌의 양반 부인 400여 명이 여성 통문을 발표했어. 일단 그 내용부터 좀 볼까?

> 물이 상하면 반드시 변하고, 병이 극하면 반드시 고치는 것이 고금 이치 … 이천만 동포 형제가 … 신식을 좇아 행할 사이 … 우리 여인들은 귀먹고 눈 어두운 병신 모양으로 규방만 지키고 … 신체와 수족과 이목이 남녀가 다름이 있는가. 어찌하여 병신 모양으로 사나이가 벌어 주는 것만 먹고 평생을 심규에 처하여 그 절제만 받으리오.
> 먼저 문명개화한 나라는 남녀가 일반 사람이라 어려서부터 각각 학교에 다니며 재주를 다 배우고 이목을 넓혀 자란 뒤에 사나이와 부부지의로 평생 살더라도 그 사나이에게 조금도 절제를 받지 아니하고 도리어 극히 공경함을 받음은 다름이 아니라 그 재주와 권리와 신의가 사나이와 같은 까닭이다…

이 글의 제목은 '여학교설시 통문'이야. 여성도 남성과 똑같은 사람임을 내세우면서 여학교 설립을 촉구하는 글이야. 우리 역사에서 처음으로 여성의 권리를 내세운 여권선언문이라 할 수 있어. 남녀평등과 교육, 직업, 정치 참여권을 달라는 무척이나 파격적인 주장이지.

예의 법도 중시하던 양반집 규수들이 남녀평등 주장하며 여자 학교를 세우라고 당차게 요구하고 나섰으니, 이거야말로 시대의 변화를 보여 주는 셈이야.

세상 온갖 것이 다 변하니 여성의 의식이라고 그러지 않을 수가 있나!

통문이 발표되자 큰 화젯거리가 되었어. 〈독립신문〉은 "여성 교육에 많은 돈이 있어야 하니 정부 기구에 불필요하게 쓰이는 20여만 원과 급하지 않은 군사 증액비 100여 만 원을 모두 여성 교육비에 쓰라"고 촉구했어. 〈독립신문〉 영문판인 〈The Independence(더인디펜던스)〉에 여성 통문이 실려 외국인들에게도 화제가 되었어.

통문을 두고 모두가 〈독립신문〉처럼 지지를 한 건 아니었어. 〈황성신문〉은 "놀랍고 신기한 일"이라고 했고, 〈제국신문〉은 "희한한 일"이라고 보도했어. 그저 여자들이 왜 저래, 하는 눈으로만 봤지, 진지하게 그들의 목소리에 귀 기울이거나 여성들의 요구를 지지하지는 않았어. 여성들이 너무 앞서간 걸까?

여성 교육 단체
'찬양회' 탄생

통문을 발표한 여성들은 곧이어 여성 교육 운동 단체 '찬양회'를 조직하고 관립 여학교 설립을 위해 다양한 활동을 전개했어. 찬양회 회장은 양성당 이씨, 부회장은 양현당 김씨, 그 밖에 총무원, 사무원, 찬성원 등의 구성원을 두었고, 윤치호, 장지연 등의 독립협회 인사들이 자문을 맡아 도움을 주기도 했어.

통문을 발표한 여성들은 대개 북촌의 양반집 여성들이었지만 찬양회 회원이 되는 데는 신분과 직업의 차별이 없었어. 여학교 운영을 담당할 회비만 내

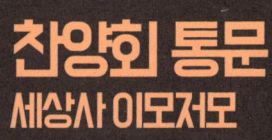

면 누구에게나 회원 자격이 주어졌지. 찬양회를 시작할 당시 회원 수는 400여 명. 회원은 여성이 대부분이었지만 남성과 외국 여성도 더러 있었어.

찬양회가 가장 힘을 쏟은 건 관립 여학교 설립이었어. 찬양회 회원들은 행동에 나섰어. 1898년 10월, 찬양회 회원 100여 명은 직접 경복궁 앞에 달려가 고종에게 여학교 설립을 청원하는 상소문을 올린 거야.

여성들이 모여 왕에게 올릴 상소문을 꾸리고 직접 쫓아가 시위를 하다니, 이건 역사에도 없는 파격이었어. 상소문에는 학교를 세워 달라는 것에 덧붙여 "장옷을 쓰지 않고 가마를 타지 않으며 우산이나 들고 다니게 해 달라"는 것도 있었어. 배움에 대한 의지와 여성을 구속하는 삶을 바꾸겠다는 여성들의 의지가 들어 있었어.

근대화와 교육에 관심이 많았던 고종은 찬양회의 요구를 들어 여학교 설립을 약속했어. 찬양회 시위가 정말 통한 걸까?

찬양회 회원들은 고종의 약속을 철석같이 믿고 입학할 여학생들을 뽑아 두었어. 그런데 재정이 없다며 약속한 지 1년이 넘도록 감감무소식이었어.

급기야 찬양회는 직접 학교를 세우기에 나섰어. 1899년 한국 최초로 사립 여학교 '순성여학교'가 이렇게 세워진 거야. 관립 여학교가 세워지기까지라는 조건 아래 문을 열었어. 한국인이 세운 최초의 사립 여학교며 여성들 스스로의 힘으로 설립했다는 데에 의미가 크지. 그러나 순성여학교는 재정난에 허덕이다가 1905년에 문을 닫고 말았어. 그렇긴 해도 찬양회가 겪은 성공과 좌절의 경험은 이후 우리나라 여성 운동의 밑거름이 되었어.

5 여학교

남녀평등은 교육으로부터!
신여성의 산실 여학교

이화학당 대학부 전용 건물로 지어진 프라이홀 전경이다. _ ⓒ 한국콘텐츠진흥원 문화콘텐츠닷컴

조선은 남성의, 남성을 위한, 남성에 의한 나라였어. 조선만 그런 것이 아니라 역사 대대로 세상은 남성 중심으로 흘러왔어. 긴 시간 동안 굳어진 남녀불평등의 역사를 뒤집는 계기는 바로 여성의 교육이었어. 비로소 여성의, 여성을 위한, 여성에 의한 학교가 세워졌지. 여학교는 신여성을 길러 내면서 세상의 반이 여성이라는 것을 남성은 물론 여성 스스로에게 알리는 계기가 되었어. 이젠 더 이상 여성이 교육받는 것이 이상하거나 특별한 일이 아닌 세상이 열렸다고!

최초의 여학교, 이화학당

이화학당은 우리나라 최초의 사립 여학교야. 여선교사 메리 스크랜턴이 정동의 자택에서 한 명의 학생에게 영어를 가르친 것이 그 시작이었어. 그 뒤 봉건적 틀에 갇혀 지내던 여성들을 위한 학교로 문을 열어 한국 여성 교육을 이끌고 여성 지도자를 길러 내는 산실이 되었어.

1887년 2월에 고종 황제가 '이화학당(梨花學堂)'이라는 이름과 현판을 하사한 후, 점차 학제를 정비하여 1904년에는 중등과를, 1908년에는 보통과와 고등과를 만들었어. 중등과를 먼저 만든 것은 당시 고등 교육을 받은 여성이 거의 없었기 때문에 여성에게 고등 교육을 시키려는 데 이유가 있었어. 고등 교육을 받은 여교사를 길러 내기 위한 목적도 있었고. 1910년에는 4년제의 대학과를 설치하여 1914년 4월에 신마실라, 이화숙, 김애식 등 한국 최초의 여대생을 길러 냈어.

이화학당 출신 중에는 최초의 여학교 출신답에 한국의 최조라는 수식어를 단 인물들이 여럿 배출되었어. 여성으로서 최초로 박사 학위를 취득한 김활란, 최초의 여의사 박에스더, 최초의 미국 유학생 하란사, 한국 최초의 중등학교 여성 경영자 황메례 등이 있고, 3·1 만세 운동을 이끈 유관순 열사 역시 이화학당 출신이야.

이화학당 초기 기와집 학교 건물이다. _ ⓒ 김선호 제공

1922년 당시 이화학당 교정에 모여 있는 여학생들 모습이다.

영화학당,
최초의 초등학교

영화학당은 우리나라 최초의 근대식 초등학교야. 기독교 선교와 여성 계몽을 목적으로 설립되었어. 인천 내리교회 2대 목사 존스와 그의 아내 마거린 벤젤 선교사는 1892년 4월부터 내리교회 안에 성경 공부와 신학문을 교육하는 '매일학교'를 설립했어. 이것이 우리나라 최초의 서구식 초등 교육 기관인 '영화학당'의 출발이야. 영화학당은 중등학교로 발전한 배재학당이나 이화학당과는 달리 초등학교로 발전했다는 점이 특별해.

개교 당시 학생 수는 한 명이었으나 1905년 47명으로 학생 수가 증가하면서 학교의 규모도 커졌어. 미국의 자선 사업가 콜린스의 기부로 인천 중구 경

영화학당 수업 풍경. _ ⓒ 인천개항박물관

동 싸리재에 409m²(120평) 규모의 건물을 신축하여 학교를 옮겼어.

1906년 8월에 학제를 4년으로 바꾸고, 도덕·국어·한문·일어·산술·지리·국사·서예 등을 가르쳤어. 1910년에 인천시 동구 창영동에 벽돌로 2층 건물을 지어 이전한 뒤 현재까지 이르고 있어. 1912년 8월 영화학교로 정식 허가를 받았어. 영화학당을 졸업한 학생들은 선교사의 추천으로 이화학당에 입학하기도 했어. 이화학당 1세대인 김활란, 서은숙, 김애마, 김영의 등이 영화학당 출신이라고 전해지고 있어.

여성의 힘으로 세운
순성여학교

여성 단체 찬양회가 신문에 여성 교육을 주장하는 통문을 발표한 것, 기억하지? 찬양회 시위로 고종은 여학교 건립을 약속하지만 학교 설립은 기약 없이 미뤄지고 말았어. 이에 찬양회는 여성들의 힘으로 직접 여학교를 설립하는데, 이 역사적인 학교가 바로 순성여학교야. 1899년 1월, 서울 느릿골에서 학생 50여 명을 모아 출발했어. 7, 8세~12, 13세의 여학생들을 대상으로《천자》, 《동몽선습》등 초보적인 한문 교육을 실시했어. 또《태서신사》등을 통해 서양의 역사를 가르치며 한반도에 들어오고 있던 서양 세력에 대한 이해를 도왔어. 육아와 요리, 근대적 기구를 이용한 바느질법도 가르쳤어.

순성여학교 초대 교장은 찬양회의 부회장이었던 양현당 김씨였어. 그녀는

1903년 세상을 뜨기까지 자신의 재산을 털어 여성 교육에 온 힘을 기울였어. 그러나 그녀가 죽고 난 뒤 찬양회 회원들의 회비만으로는 학교 운영이 어려웠어. 형편이 어려워 학비를 낼 수 없는 학생들이 많았거든. 1905년 12월 24일부터 31일까지 〈대한매일신보〉에 순성여학교 2대 교장이 교장직을 그만둔다는 공고가 실린 후 순성여학교는 문을 닫았어.

최초의 관립 여자 교육 기관
한성고등여학교

찬양회가 그렇게도 바라던 관립 여학교의 설립은 1908년에야 이루어졌어. 1908년에 개교한 한성고등여학교가 최초의 관립 여학교야. 그러나 백성들의 반응은 냉담했어. 초대 교장이 집을 찾아다니며 학생들의 입학을 독려해야 할 정도로 지원자가 적었어. 그러나 초등 과정을 마친 여학생이 늘어나면서 지원자가 늘어나 나중에는 지원자가 정원을 넘어서게 되었어. 교과 과정은 초등 교육 과정인 예과 2년과 중등 교육 과정인 본과 3년으로 나뉘었어.

그런데 찬양회가 외치던 남녀평등 교육과는 완전히 거리가 멀었어. 일본은 한국을 식민지화하는 데 여성의 역할이 중요하다 생각하고, 여성들이 민족의식을 갖지 못하도록 양처현모주의 교육을 실시하게 했어. 교육 내용은 가사, 재봉, 수예 등의 기예 교육에 치중했고, 1910년 한일 병합 조약 이후에 이런 교육은 더욱 강화되었어. 1911년에 조선교육령에 따라 관립여자고등보통학교로 바뀌었어.

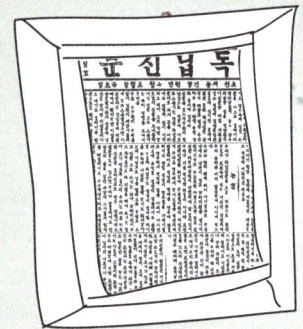

1

민중을 위한
쉬운 신문이 태어나다

〈독립신문〉(1896)

2

"대한으로 하여금 소년의 나라로 하라"

잡지 《소년》(1908)

3

최초의 방송이 전파를 타다

경성방송국(1927)

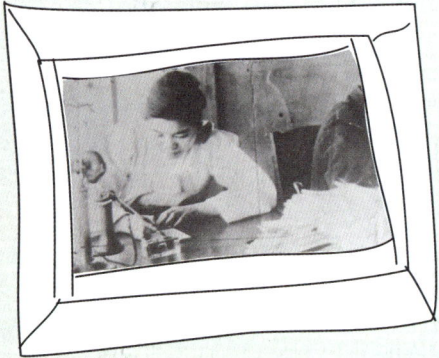

4

떴다 하면 특종, 했다 하면 원조!

여기자 최은희(1924)

제 5 전시실

한글, 민중, 그리고 여성

"**누구나** 읽어서 이해할 수 있을 것! 일반적이고 시사성 있는 내용을 제공할 것! 누구나 사서 볼 수 있어야 함!"

무엇에 관한 얘기냐고? 에머리(E. Emery)라는 언론역사가가 말한 근대 신문의 정의야. 근대 언론의 정의가 이렇다면 그 이전의 언론은 그렇지 못했다는 말이겠지?

우리나라에도 근대 언론의 시대가 열렸어. 우리 언론의 근대화를 요약할 수 있는 세 단어는 바로 **한글, 민중, 여성**이야.

궁궐 사람들만 보는 신문에서 일반인 누구나 볼 수 있는 신문으로, 한문 기사에서 순 한글 기사로, 남성들의 전유물인 방송에 여성 기자가 등장하는 시대로, 이렇게 우리 언론은 한 걸음 한 걸음 근대 언론으로 탈바꿈해 나갔어. 지금의 자유롭고 다양한 언론의 밑거름이 개화기 때 시작되었다고 볼 수 있지.

우리나라 최초의 근대적 신문은 1883년에 창간된 〈한성순보〉야. 〈한성순보〉는 일반인도 읽을 수 있긴 했지만 한문으로 기사를 썼기 때문에 사실상 일반 백성은 읽기가 어려웠어. 정부에서 발행하고 내용도 정부의 소식을 전하는 데 주목적이 있었지. 신문을 읽는 사람이 정부 관리나 지식인층으로 한정되었다는 점도 한계였어.

이러한 한계를 극복한 신문이 〈독립신문〉이야. 한글로만 기사를 작성했고, 상업 광고를 내고, 시골에 사는 일반민과 여성들까지 읽었다는 점에서 최초의 근대 대중 신문이라 할 수 있어. 독자들은 신문을 통해서 단순한 사실 기사를 확인하는 정도를 넘어서 현실 비판과 정부 비판에 참여하기도 했어. 〈독립신문〉은 우리나라 근대 언론의 탄생에 중요한 역할을 했다고 볼 수 있어.

그 후 잡지와 라디오까지, 우리 언론에도 근대화 바람이 불어왔어.

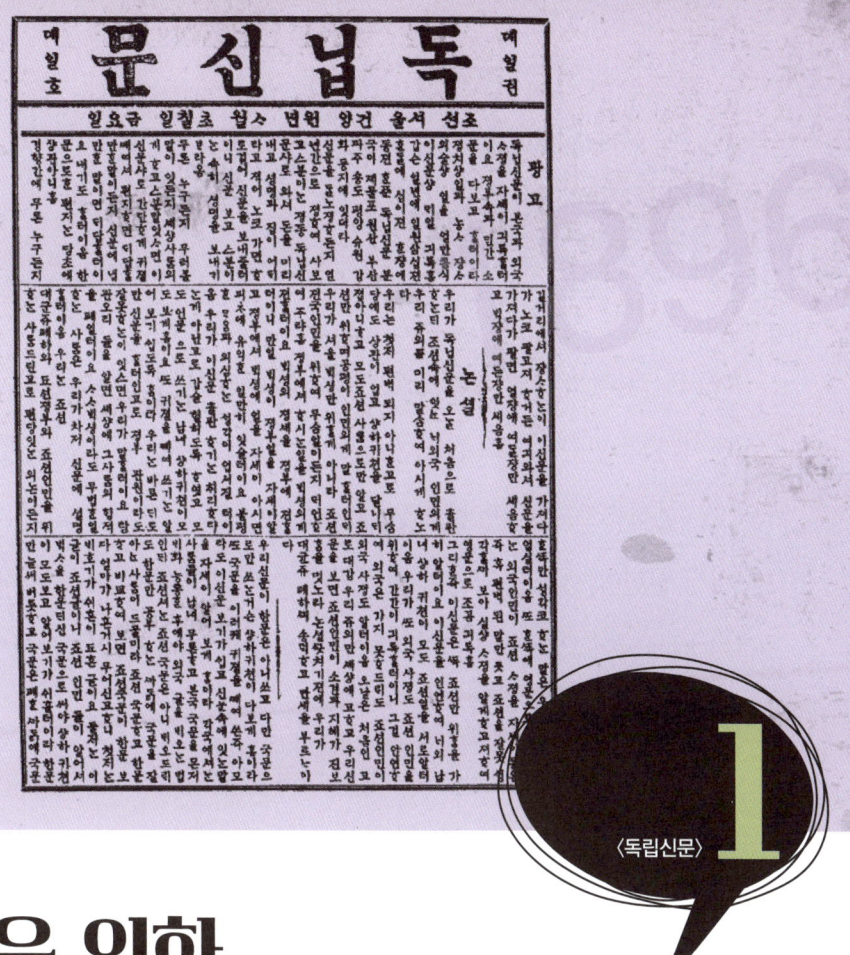

〈독립신문〉 **1**

민중을 위한 쉬운 신문이 태어나다

"전국 인민을 위하여 무슨 일이든지 대변자가 되고, 정부가 하는 일을 백성에게 전하고 백성의 정세를 정부에 알릴 것이며, 부정부패 탐관오리 등을 고발할 것이다······."

〈독립신문〉의 발간사야. 중립적이고 바른 언론이 되겠다는 의지를 보여 주고 있어. 민중을 위해 태어난 순 한글 신문 〈독립신문〉을 만나 보자.

1896년 4월 7일 금요일자 순 한글로 쓰인 〈독립신문〉 창간호 1면이다.

언론_ 한글, 민중, 그리고 여성   161

민중을 위한
쉬운 신문

우리나라 최초의 근대적 신문은 1883년에 창간된 〈한성순보〉야. 그 이전에 신문이라 할 만한 것은 〈조보〉가 있었어. 〈조보〉는 궁궐 사람들을 위한 신문이었고, 〈한성순보〉는 일반인도 읽을 수 있긴 했지만 한문으로만 기사를 썼으니 사실상 일반 백성들은 읽기가 어려웠어. 이러한 한계를 극복한 최초의 민간 신문이 발행되어 백성들이 크게 반기고 있어. 바로 〈독립신문〉이야. 순 한글로 기사를 쓰는, 민중을 위한 쉬운 신문이 탄생한 거야.

〈독립신문〉은 읽기에만 쉬운 게 아니라 만민 평등, 자유민주주의를 기본 이

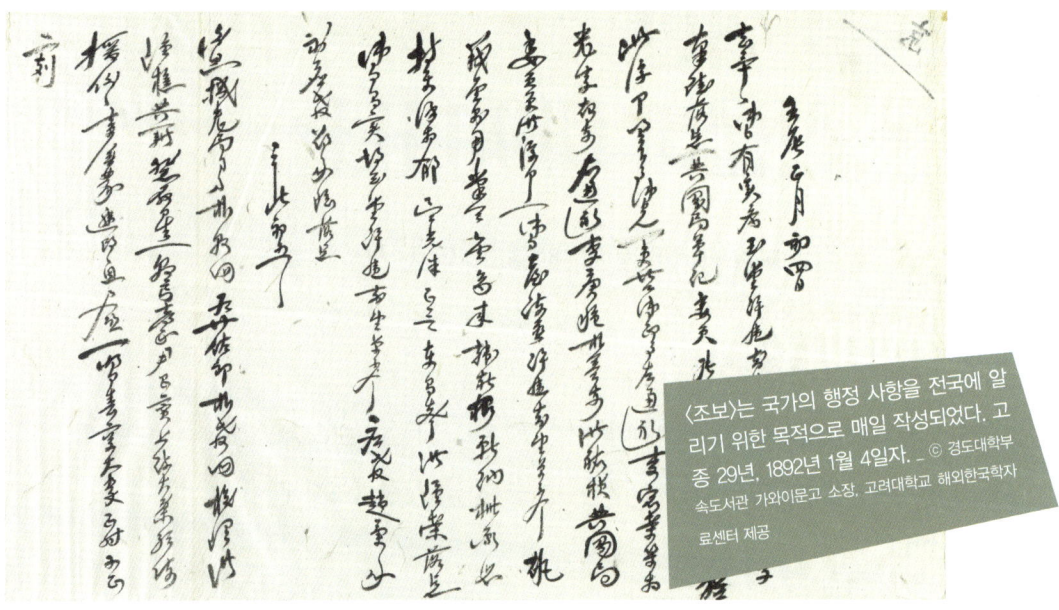

〈조보〉는 국가의 행정 사항을 전국에 알리기 위한 목적으로 매일 작성되었다. 고종 29년, 1892년 1월 4일자. - ⓒ 경도대학부속도서관 가와이문고 소장, 고려대학교 해외한국학자료센터 제공

념으로 하고 있어. 당파에 치우치지 않고 중립적인 관점에서 기사를 썼다는 점도 획기적이지. <독립신문>은 그동안 신문을 접할 기회가 없던 백성들에게 정확하고 공정한 기사를 제공해 신문의 중요성을 널리 알리는 계기를 마련했어. 또 우리나라를 속국화하려는 서구 열강들의 세력 다툼 속에서 국내 사정을 국내외에 공정하게 알리는 창구가 되었어. 또한 <독립신문>은 여러 민간 신문이 창간되는 계기가 되었지.

우리나라 최초의 근대적 신문 <한성순보>의 제1호.

<독립신문> 발행자
서재필

<독립신문>을 발행한 사람은 서재필이야. 우리나라의 자주독립과 근대화 운동을 추진하던 독립협회의 일원이었지. 그는 갑신정변이 실패로 돌아가자 일본으로 망명했다가 다시 미국으로 망명해서 미국 시민권을 얻었어. 1895년에 갑신정변 대역죄가 사면된 후 귀국하면서 국민 계몽에 몸을 던지기로 결심했어. 몇몇 급진 개화파의 주도로 일어났던 갑신정변이 실패로 돌아간 건 민중

의 지지를 얻지 못한 것이 원인 중 하나라는 걸 경험했기 때문이었지. 미국 망명 시절의 경험으로 근대 국가가 되기 위해서는 국민의 깨우침과 사회적인 여론이 얼마나 중요한지도 깨닫게 되었고.

이에 서재필은 신문을 창간하기로 마음먹었어. 〈한성순보〉 창간에 관여했던 내부대신* 유길준도 이에 뜻을 같이하면서 정부 지원도 약속받았어. 그런데 신문 창간을 지원하던 김홍집 내각이 무너지면서 계획이 틀어졌어. 창간이 어려워지나 싶었지만, 민간 신문이 필요하다는 걸 인정하는 사람들의 지원과 새로 세워진 박정양 내각도 지원을

> **내부대신** 조선 후기 내무 행정을 맡아보던 관아의 으뜸 벼슬.

〈독립신문〉 창간호 제4면 영문판.
_ ⓒ 서재필기념회, 한국콘텐츠진흥원 문화콘텐츠닷컴 제공

약속하면서 결국 〈독립신문〉의 창간은 이루어지게 되었어. 이로써 1896년 4월 7일, 역사적인 〈독립신문〉 창간호가 빛을 보게 되었지. 같은 해 7월 22일 독립협회가 창립되면서 〈독립신문〉은 사실상 독립협회의 기관지 역할도 겸하게 되었어.

〈독립신문〉은 가로 22cm, 세로 33cm 크기의 총 4면으로 이루어진 격일간지였어. 제3면까지는 국문판으로, 제4면은 영문판으로 편집했어. 1면은 논설과 광고, 2면은 관보·외국 통신·잡보, 3면은 물가·우체 시간표·제물포 기선 출입항 시간표·광고 등을 실었어. 1897년 1월 1일부터는 영문판을 분리해 4면의 독립된 신문으로 발행했어.

〈독립신문〉의 위기와 폐간, 한계는?

〈독립신문〉 초기에는 정부와도 관계가 나쁘지 않았지만, 1897년 들어 탐관오리를 고발하거나 정부를 비판하기 시작하자 정부의 시선이 곱지 않았어. 1897년 8월부터는 군사 교관과 재정 고문을 보내 우리 내정을 간섭하고 이권을 침탈하는 러시아를 비판하고 나섰어. 대안을 제시하기도 했는데, 토론과 비판을 통해 입헌 군주제* 등의 근대 정치 공동체를 건설해야 한다는 의견도 제시했어. 그러다 보니 정부와의 관계는 점점 악화되었고 결국 폐간될 위기

> **입헌 군주제** 군주에게 헌법에서 정한 제한된 권력을 주는 정치 체제이다. 군주의 권한은 형식적이고 의례적이며 실질적으로는 내각에 정치적 권한과 책임이 있다.

까지 몰리게 되지.

결국 서재필은 1898년 미국으로 돌아가고 윤치호가 운영을 맡았어. 격일간에서 일간으로 바꾸어 새로운 돌파구를 찾는가 싶었으나 1899년 1월에 손을 떼고, 선교사 아펜젤러와 영국인 엠벌리가 한동안 주필로 활동했어. 그러나 결국 정부가 〈독립신문〉을 매수해 1899년 12월 4일자로 폐간을 맞게 되었어.

〈독립신문〉은 최초 민간 신문이자 한글 신문이며 정치·시사·국제 정세 등을 일반 백성에게 알기 쉽게 보도했다는 점을 높이 평가할 수 있어. 청나라나 러시아를 향해서는 비판의 일침을 가했으나 정작 미국과 일본에 대해서는 그러지 못했다는 한계도 있었지.

그러나 최초로 민간 신문을 대중화하고, 그 이전에 조선에 없던 근대적인 방식을 보여 주었다는 점은 아주 중요한 계기가 되었어. 이에 1957년 4월 7일 한국신문편집인협회는 〈독립신문〉 창간일을 신문의 날로 정했어.

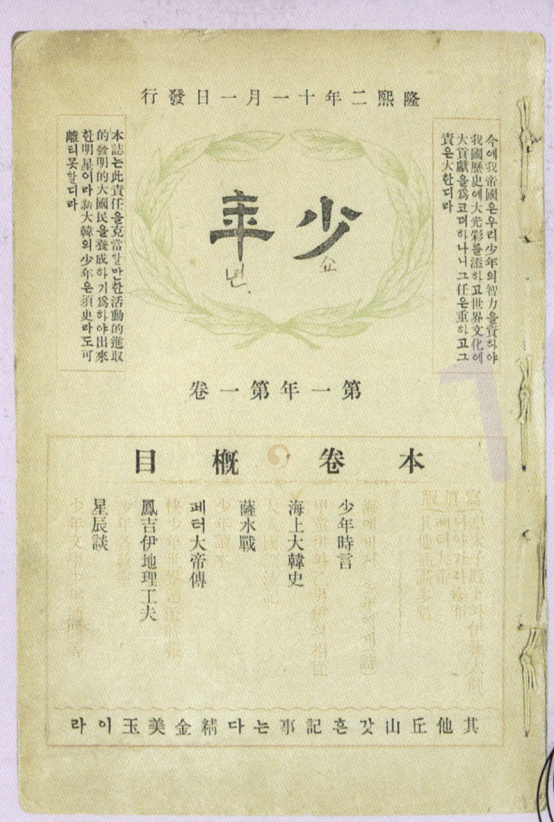

잡지 《소년》

2

"대한으로 하여금 소년의 나라로 하라"

18세 소년이 《소년》이란 잡지를 펴내 화제가 되었어. 잡지 표지에 로고를 넣고, 글 중간중간 삽화도 그려 넣었는데, 전에 없던 새로운 형식이라 주목을 받았어. 게다가 글이며 그림까지 홀로 쓰고 그렸다니 정말 대단하지? 《소년》을 펴낸 소년의 이름은 '최남선'. 예사롭지 않은 소년 최남선과 그의 잡지 《소년》을 만나 보자.

1908년 11월 창간된 월간 잡지 《소년》의 창간호다. 이 잡지는 근대적 형식을 갖춘 잡지로는 한국 최초이며, 창간호에 실린 최남선의 〈해에게서 소년에게〉는 신체시의 시작으로서 문학사적 의의가 매우 크다. _ ⓒ 영월초등교육박물관, 국가기록관

언론_ 한글, 민중, 그리고 여성

익명의 대중을 독자로 삼은
첫 잡지

《소년》은 꼭 청소년을 위한 잡지는 아니야. 청소년과 그 부모도 함께 보기를 바라는 마음으로 냈으니까.《소년》은 국민을 가르치기 위한 목적으로 낸 잡지인데, 창간사에 그 뜻이 잘 나와 있어.

> 우리 대한으로 하여금 소년의 나라로 하라! 그리하려 하면 능히 그 책임을 감당하도록 그를 교도하여라.

정말 짧고 굵은 문장이지. 여기서 '소년'은 14, 15세의 소년이 아니고 최남선 또래인 18, 19세, 그보다 위인 20대의 청년층을 아울러 가리키는 거야. 그러니 젊은이들이 이끌어 가는 나라를 만들기 위해 젊은이들이 책임 있게 생각하고 행동할 수 있도록 가르치고 이끌어야 한다는 뜻이지.

그는 일본 와세다대학으로 유학을 갔지만 학교를 마치지 않고 돌아왔어. 와세다대학 고등사범부 지리역사과에 입학한 해에 학교에서 모의국회를 열었는데, 의제를 경술국치* 문제로 내걸었어. 한국인 유학생이 있는데, 그런 의제를 내건 것은 다분히 의도된 일이었겠지. 조선 학생 70여 명이 동맹 퇴학을 했고, 최남선은 남은 학비로 인쇄 기구를 구입해서 귀국한 뒤《소년》을 창간했어.

> **경술국치** 1910년 일제가 우리나라의 통치권을 강제로 빼앗고 식민지로 삼은 일.

최남선이 귀국해서《소년》을 창간한 것은 문화 운동가가 되기로 했기 때문이야. 장차 나라의 기둥이 될 소년들부터 지도, 계몽할 목적으로 잡지를 발행한 거야.

그는 80면이 넘는 잡지의 원고를 처음부터 끝까지 혼자서 썼어. 18세 소년이 혼자서 집필·편집·제작을 도맡아 했다니 참으로 놀라운 일이 아닐 수 없어. 처음에는 창간호 독자 6명으로 출발해, 2호 14명, 8·9호까지 30명, 1년이 지나서도 200명을 넘지 못했어. 3권 2호부터는 개인잡지의 성격을 벗어나 이광수˚, 홍명희˚가 함께 글을 썼어. 8호에 이르러 발매 금지와 간행 정지를 당했고, 그 후로도 풀리고 금지되고를 반복했어.

> **이광수** 1892~1950. 1917년 장편소설 〈무정〉을 〈매일신보〉에 연재하여 근대 문학의 개척자 역할을 한 소설가.
>
> **홍명희** 1888~?. 항일 투쟁에 앞장선 신간회에 참여했고, 광복 후 조선 문학가동맹 중앙 집행위원장을 지낸 소설가.

창간호에 실린 〈해에게서 소년에게〉는 큰 화제가 되었어. 새로운 형식의 시에 민족을 계몽하려는 육당 최남선의 뜻이 담겨 있어.

《소년》은 내용도 다양하고 편집도 참신해 다른 잡지에서는 볼 수 없었던 새로운 편집 방식으로 평가되고 있어. 본문에 삽화랑 사진, 재미있는 컷도 곁들이고 사진 화보까지 넣어서 이것이야말로 근대 잡지의 시작이라 할 수 있어. 거기에 실제로 쓰는 말을 글로 적어 언문일치를 시도한 것도 아주 큰 변화였지.

당시 잡지라고 하면 주로 협회와 학회라는 이름의 민간단체와 종교 단체에서 발행한 것이 전부였어. 그중 대표적인 것이 지식인들의 '학회지'가 대표적이야. 당시 잡지들은 회원들 사이의 소통을 전제로 하고 있었는데, 《소년》은 익명의 대중을 독자로 삼고 있다는 것이 무척 특별했어.

해에게서 소년에게

4

처……ㄹ썩, 처……ㄹ썩, 척, 쏴……아.
조그만 산(山)모를 의지하거나,
좁쌀 같은 작은 섬, 손뼉만 한 땅을 가지고,
그 속에 있어서 영악한 체를,
부리면서, 나 혼자 거룩하다 하는 자,
이리 좀 오너라, 나를 보아라.
처……ㄹ썩, 처……ㄹ썩, 척, 튜르릉, 콱.

5

처……ㄹ썩, 처……ㄹ썩, 척, 쏴……아.
나의 짝 될 이는 하나 있도다.
크고 길게 넓게 뒤덮은 바 저 푸른 하늘.

저것은 우리와 틀림이 없어,

작은 시비(是非), 작은 쌈, 온갖 모든 더러운 것 없도다.

저따위 세상에 저 사람처럼,

처……ㄹ썩, 처……ㄹ썩, 척, 튜르릉, 콱.

6

처……ㄹ썩, 처……ㄹ썩, 척, 쏴……아.

저 세상 저 사람 모두 미우나,

그중에서 똑 하나 사랑하는 일이 있으니,

담(膽) 크고 순정한 소년배(少年輩)들이,

재롱처럼 귀엽게 나의 품에 와서 안김이로다.

오너라, 소년배 입 맞춰 주마.

처……ㄹ썩, 처……ㄹ썩, 척, 튜르릉, 콱.

일본으로 유학 간 50여 명의 학생들이 만든 모임 태극학회에서 발간한 《태극학보》 제1호. - ⓒ 고려대학교도서관

최남선의 《소년》은 처음으로 국민 혹은 민족을 독자로 삼은 잡지의 첫출발이었어.

이 시기에 주목할 만한 또 하나의 잡지로 손꼽히는 것은 일본으로 유학을 간 학생들이 《태극학보》를 발간했다는 점이야. 식민지의 지배국으로 유학 간 학생들이 자신의 언어로 잡지를 발간하는 사례는 세계 어디에서도 찾아보기 힘든 사례야.

검열의 악법 속에서도
언론의 자유를 꿈꾸다

잡지 및 언론의 역사에서 중요한 갈림길이 있었어. 바로 신문지법과 출판법 공포야. 을사늑약 이후 공포된 신문지법과 출판법은 언론 검열이란 이름의 악법으로 우리 언론의 자유를 막아 버렸어. 일제 강점기에 들어서서 이중 삼중으로 탄압을 받게 되자 대부분의 신문과 잡지가 폐간되었어. 이런 상황에서 창간된 잡지들은 대부분 정치적 입장을 완전히 배제한 종교 잡지가 대부분이었지.

이러한 상황에서도 최남선은 자신이 만든 출판사 '신문관'을 통해 《아이들

보이》,《새별》,《붉은 저고리》 등 어린이 잡지를 계속해서 발간했어. 또 본격적인 대중 계몽 잡지인 《청춘》을 통해 근대 지식과 새로운 문학을 소개했어.

그러한 상황에서 1919년 3월 1일 만세 운동의 함성은 일제의 강제 통치 방식을 완화하는 계기가 되었어. 만세 운동 이듬해인 1920년부터 중일 전쟁이 일어난 1937년까지 조선의 언론은 활기를 띠었어. 〈조선일보〉(1920. 3. 5.)와 〈동아일보〉(1920. 4. 1.)가 창간되고, 《개벽》을 시작으로 다양한 잡지의 발간이 활발하게 이루어졌어. 종합지인 《개벽》을 비롯해 《창조》, 《폐허》, 《백조》, 《장미촌》, 《르네상스》, 《금성》, 《영대》 등 문예 동인지, 사회주의적 성향의 《신생활》, 《조선지광》 등이 창간되었어. 또 《신여성》, 《어린이》, 《조선농민》 등 독자층을 세분화한 잡지들이 등장하고, 《별건곤》, 《삼천리》와 같은 대중오락 잡지

문예 동인지 《백조》의 표지.
《폐허》의 창간호 표지.
종합지 《개벽》의 제4호 표지.

며, 《조광》, 《신동아》, 《중앙》 등의 신문사 잡지, 그리고 친총독부 성향의 《신민》 등 다양한 잡지들이 있었어. 그 외에도 각 분야의 전문지와 학술지 역시 활기를 띠었고, 여성 독자를 겨냥한 《신가정》, 《여자계》, 《신여성》, 《부녀세계》, 《현대부인》, 《여성지우》, 《근우》, 《여인》 등의 여성지가 주목을 받았어.

이처럼 짧은 시간에, 그것도 식민지 상황의 검열이라는 악조건 속에서 이토록 다양한 잡지가 나올 수 있었던 것은 세계 언론 역사를 보더라도 독보적이라고 할 수 있어.

그러나 1937년 중일 전쟁이 일어나면서 일제는 전시 동원 체제라는 이름 아래 물자뿐만 아니라 징용, 징병 등 인력까지 수탈해 갔고, 가혹한 탄압 아래 잡지의 명맥은 대부분 끊어지고 말았어. 일제의 억압 통치는 1945년 8·15 광복을 맞을 때까지 우리 민족에게 말할 수 없는 고통을 안겼고, 이는 잡지에도 미칠 수밖에 없었어. 국내 잡지조차도 일본 사람이 일본 글자로 발행하고, 한글로 된 잡지도 친일 색채를 띠지 않을 수 없었어.

경성방송국 **3**

최초의 방송이 전파를 타다

선도 없는 스피커에서 사람 소리가 나오자 길 가던 사람들은 놀라서 걸음을 멈추었어. 지금이야 인터넷으로도 라디오 청취가 가능하지만, 처음엔 낮도깨비처럼 신기하고 놀라운 사건이었지. 라디오 자체가 귀하기도 했고 청취료도 비싸서 서민들은 쉽게 접하지 못했어. 시간과 공간을 초월하는 방송이 시작되면서 근대화는 급물살을 타게 되었어. 최초의 라디오 방송 전파를 따라 함께 가 보자~!

1924년부터 시험 전파를 발사하며 3년간 준비 기간을 거치고 1927년 서울 정동에 개국한 경성방송국 전경이다.
_ⓒ 독립기념관

언론_ 한글, 민중, 그리고 여성

"여기는 경성방송국입니다"

1927년 2월 16일, 우리나라 최초로 라디오 전파가 발사되었어. 이날은 최초의 방송국 개국식이 있는 날이기도 했지. 우리나라 최초로 전파를 탄 방송의 첫말은 바로 "여기는 경성방송국입니다."였어. 평범하기 짝이 없는 이 말이 참으로 역사적인 말이 되는 순간이었지.

1924년부터 시험 전파를 발사하며 3년 동안 준비 기간을 거쳤어. 서울에서 시작된 시험 방송은 경기도, 충청도 등으로 넓혀 갔고 사람들에게 라디오를 나눠 주며 방송을 알렸어.

"푸른 하늘 은하수 하얀 쪽배에~."

유명한 동요 〈반달〉은 방송 전파를 탄 최초의 동요야. 시험 방송 중에 〈반달〉이 전파를 타면서 입에서 입으로 전해지며 불렸어. 라디오를 처음 접한 사람들은 선도 없는 스피커에서 생생한 사람 소리가 들리니 그저 신기할 따름이었어. 요술이니 귀신의 장난이니 하며 라디오에 대한 충격을 표현했어. 전화가 처음 나왔을 때도 사람들의 놀라움은 컸는데, 전화는 선이

경성방송국 스튜디오 안에서 녹음을 끝내고 찍은 기념 사진. _ ⓒ 한국콘텐츠진흥원 문화콘텐츠닷컴

라도 있지만 라디오는 선도 없이 전파로 소리를 들으니 더 신기하게 느껴질 수밖에!

라디오 한 대가 쌀 100가마, 서민들에겐 그림의 떡

첫 방송국은 정동, 서울 시내가 내려다보이는 곳에 2층 건물로 세워졌어. 두 개의 안테나를 세워 1킬로와트(kW) 출력의 전파를 발사했어. 전파 방해가 없던 때라 방송은 서울을 넘어 경기, 충청 일원까지도 전파되었지만 채널도 하나뿐이고 듣는 사람도 거의 없었어. 우리말과 일본어 방송을 한 채널에서 내보냈는데, 그마저도 일본어 방송이 훨씬 많고 우리말 방송은 청취율이 낮은 시간대에만 방송되었어.

당시 라디오는 값이 너무 비싸서 가난한 사람들은 엄두도 못 내는 귀한 물건이었어. 라디오 한 대가 당시 쌀 100가마와 맞먹는 가격이었다니, 라디오가 당시 얼마나 최첨단의 물건이었는지 짐작이 가지? 거기다 월 2원이란 라디오 청취료도 부담이었어. 상황이 이렇다 보니 방송국이 문을 열 때 1,500대 정도였던 라디오는 좀처럼 늘지 않았어. 1929년에 이르러서야 겨우 1만 대를 넘어서는 정도였어. 서민들에게 라디오는 그림의 떡이었지.

라디오 보급률이 낮다 보니 방송국 운영은 어려울 수밖에! 자칫 어렵게 문을 연 방송국이 사라질 위기였지. 이에 방송 출력을 늘리고 채널 수도 늘려서 일본어 방송과 우리말 방송을 분리했어. 수도권이 아닌 지방에도 지역 방송국을 설치해서 서울은 경성방송국, 지역은 사단법인 조선방송협회로 출발했어. 당시로는 무척 파격적인 결정이었어. 1945년 광복까지 전국에 17개의 지방 방송국이 개설되었어. 경성방송국은 현재 공영 방송 KBS로 그 역사를 이어 오고 있어.

라디오에서 흘러나오는
암호는 대체 뭘까?

요즘에도 라디오를 듣다 보면 어느 채널이든지 "AM XXX킬로헤르츠(kHz), FM XX.X메가헤르츠(MHz), 여기는 OOO라디오입니다, HL●●."이란 말을 듣게 돼. 매 시각 정시가 되면 어김없이 이런 말과 함께 현재 시각을 알리는 아나운서의 목소리가 나오지. 방송의 주파수와 채널 이름을 말하고 마지막에는 꼭 'HL●●'이라고 덧붙이는데, 마지막에 붙이는 알파벳 네 개는 대체 무슨 의미일까? 무슨 이니셜 같기도 하고 암호 같기도 한데 말이야.

우리나라 라디오 방송에서 흘러나오는 'HL●●'은 '호출 부호'라고 해. 우리나라의 호출 부호는 HL이야. 방송국이나 채널에 상관없이 대한민국 방송이라면 무조건 앞에 HL로 시작되는 호출 부호를 붙여야 해. 이건 사람으로 치면 주민등록번호와 같아. 호출 부호만 듣고도 그 방송의 국적을 알 수 있거든. 그러려면 각 나라 간에도, 방송국 간에도 겹치지 않도록 해야겠지?

방송용 호출 부호는 전 세계적으로 공통된 규정에 따라 정해져. 앞의 두 자리를 '프리픽스', 뒤의 두 자리를 '서픽스'라고 해. 프리픽스는 스위스 제네바에 본부를 둔 ITU(국제전기통신연합)에서 국가별로 배정해. 뒤의 두 자리인 서픽스는 방송통신위원회에서 정해 준 고유 두 자리를 붙여 사용하고.

광복과 함께 찾은
대한민국 호출 부호 HL

경성방송국은 호출 부호 JODK로 방송을 시작했어. JO가 일본의 호출 부호인데, 우리는 일본의 식민지였기 때문에 일본의 호출 부호를 붙였어. 방송 역시 식민지 상황이었던 거지.

우리나라는 일제 강점기에 일본의 호출 부호 JO에 네 번째 방송국(도쿄 AK, 오사카 BK, 나고야 CK, 경성 DK)이라는 의미로 DK를 붙여 'JODK 경성방송국'이었어.

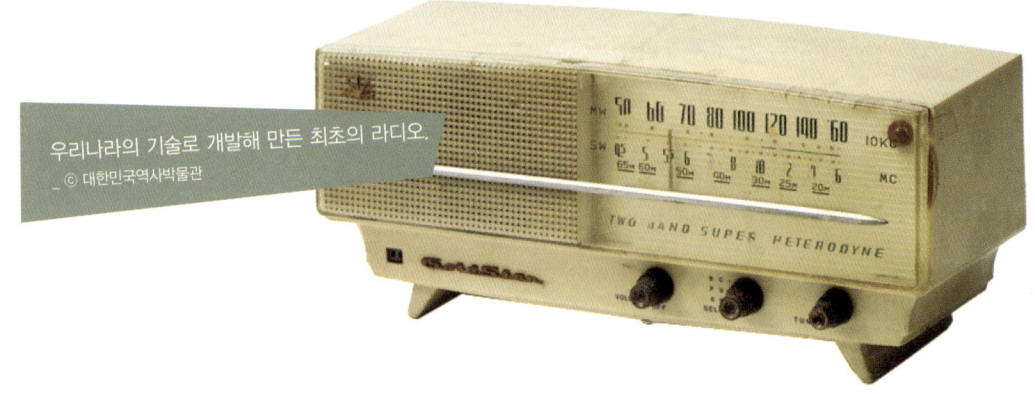

우리나라의 기술로 개발해 만든 최초의 라디오.
ⓒ 대한민국역사박물관

1948년 8월 서울중앙방송국(HLKA)의 라디오 제어실 모습이다. 서울중앙방송국은 한국방송공사의 전신으로 1927년 경성방송국으로 라디오 방송을 시작한 이후 1947년 국영으로 다시 출범했다.
_ ⓒ 국사편찬위원회 제공

    그러다 해방 후 1947년 9월 3일 ITU의 WARC(세계무선통신주관청회의) 결의에 의해 호출 부호 HL, HM을 할당받아 그중 HL을 오늘날까지 쓰고 있어. 나머지 HM은 1979년에 WARC에 반납해 북한이 사용하고 있지. 그 외 6K, 6L, 6M, 6N, D7, D8, D9, DS, DT를 할당받아 항공기와 선박 및 기타 통신, 과학 연구 분야에서 사용하고 있어.

    호출 부호는 전파를 이용한 무선 방송이 어느 나라의 어떤 방송인지 식별할 수 있게 하는 기능을 해. 우리나라 방송, 우리나라 전파임을 증명하는 중요한 표식이자 재산이지. 해외에서 우연히 'HL'로 시작되는 호출 부호를 접하게 되면 대한민국의 방송이라는 것을 알아차릴 수 있겠지?

우리나라는 호출 부호 국적을 회복한 1947년 9월 3일을 기념하기 위해 9월 3일을 '방송의 날'로 정해 지금까지 이르고 있어.

식민지 속에서도 지켜 낸 우리말 방송, 라디오에서 TV로 이어져

일본이 식민 정책의 하나로 방송국을 세우고 감시했지만 조선인의 협조가 없이는 방송 운영이 어려웠기 때문에 방송인들은 오히려 우리말을 지켜 내는 역할을 했어. 관공서, 학교에서도 쓰지 못하는 우리말 방송을 하고, 해외에서 들려오는 민족의 소식을 전하는 통로가 되기도 했지.

식민지 속에서도 지켜 낸 방송은 시대가 변해 라디오에서 TV로 이어졌어. 해방 후 1956년 대한방송(HLKZ-TV)이 호출 부호 HLKZ로 첫 방송을 시작했어. 미국의 기업 RCA사와 민간 자본이 함께 만든 방송사였어. 그 후 1961년 12월 31일 '국영 서울텔레비전방송국(KBS-TV)'이 개국해 1966년부터 전국에 방

이동하면서 청취가 가능한 지상파 DMB 방송.

송을 내보냈고 이어 방송국들이 속속 개국하여 방송의 대중화를 이끌었지.

　세월이 지나 1990년대에 이르러 상업 민영 방송이 도입되었어. 종합 유선 방송과 위성 방송, 2000년대에는 이동용 멀티미디어 방송(DMB)이 생기면서 누구나 볼 수 있는 지상파 중심의 독점 체제가 아닌 가입료를 내는 사람들만 보는 유료 방송이 본격화되었어. 뉴스·드라마·교양·오락·스포츠 등 모든 분야를 방송하는 유료 방송을 종합 편성 채널이라고 해. 방송 시간을 제한받는 지상파와 달리 24시간 종일 방송을 할 수 있고, 중간광고도 허용되는 차이점이 있어. 현재 우리나라의 경우 전 국민의 80% 이상이 케이블TV나 위성TV를 시청하고 있어. 지상파를 넘어서는 다양한 콘텐츠 때문에 앞으로 더 큰 영향력을 갖게 될 거라고 전망하지.

여기자 최은희

4

떴다 하면 특종,
했다 하면 원조!

우리나라 최초의 여기자란 이름을 거머쥔 여성이 있어. 바로 최은희 기자야. 여성이 사회에 나가 일하는 것이 쉽지 않았던 시대에 여기자가 탄생했으니 그녀가 떴다 하면 특종에, 했다 하면 처음이 되었어. 최은희 기자에겐 매일매일이 사건이었어. 당차고 야무진 최은희 기자의 모습은 달라진 근대 여성의 상징처럼 여겨졌지. 동에 번쩍, 서에 번쩍, 최은희 기자를 만나 보자.

신문사에서 기사를 쓰고 있는 최은희 기자의 모습. _ ⓒ 한국콘텐츠진흥원 문화콘텐츠닷컴

언론_ 한글, 민중, 그리고 여성   183

글솜씨에 배짱까지 두둑,
명물 여기자

　최은희 기자에게는 '최초'라는 기록이 많아. 1924년 12월 최초로 라디오 시험 방송에 목소리를 띄우고, 1925년에는 여자 정구(테니스) 대회에서 여성 최초 시구를 하고, 1927년 12월에는 최초 비행기 탑승 여기자란 기록을 남겼어. 당시 여기자는 명물처럼 여겨져서 경비가 삼엄한 곳도 순조롭게 통과되고, 영사관이나 황실, 고위층 파티까지 여러 곳에 초청받는 호사를 누렸다고 해. 최은희 기자는 그런 특권을 잘 활용했지. 그러나 여기자로 취재를 나선 적은 없었다고 해. 여자냐, 남자냐가 아니라 그냥 '기자'로서 열심히 뛰었지. 여자라고 제 스스로 특혜를 주었다면 사건 현장에도 뛰어들지 못했을 거야.

　1935년 《개벽》이란 잡지에서 춘원 이광수 선생은 최은희 기자를 극찬했는데, '글 쓰는 재주며 사리를 분별하는 눈, 튼튼한 두 다리는 웬만한 남자 기자도 따라오기 힘들 것'이라고 했어. 최은희가 우리나라 첫 여기자가 될 수 있었던 것도 이광수 선생이 조선일보에 그녀를 추천했기 때문이야. 일찌감치 최은희에게서 기자 근성을 발견하게 된 사건이 있었거든.

　최은희는 이광수 선생의 부인인 허영숙과 절친한 사이였어. 최은희가 동경 일본여대에 다니던 때 여름 방학을 맞아 허영숙을 만나러 집으로 찾아간 일이 있었어. 얘기 끝에 의사로 일하는 허영숙이 어느 부잣집에 진료비를 떼였다는 걸 알게 되었어. 돈이 있는데도 악의적으로 진료비를 주지 않는 상황이었지. 그길로 최은희는 그 부잣집에 찾아가 진료비를 받아 냈어. 의사에게도 주지 않던 진료비를 최은희에게 주었으니 참 놀랄 일이었지. 알고 보니 최은희는 그 집에 찾아가 마루에 누워 낮잠도 자고 냉면도 배달시켜 먹으면서 진료비를 줄 때까지 버텼대. 이광수 선생은 "그만한 배짱과 수완이면 충분하고 부인과 왕래하는 편지를 보니 문장도 신문 기사보다 낫다"며 조선일보에 최은희를 추천하게 된 거야. 이 정도 배짱과 끈기면 특종도 문제없겠지?

신문계의 패왕

최은희 기자의 특기는 변장 탐방이었어. 지금으로 말하면 스파이 취재 뭐 그런 건데, 정말 대담하지? 실제로 행랑어멈 차림에 한 살배기 아이를 업고 서울 곳곳을 돌며 암행 취재를 했어. 신문사에서 부인 기자가 신출귀몰 변장 탐방을 한다며 홍보를 했더니, 그 모습을 보겠다고 사람들이 구경을 오기도 했어. 특종을 위해서라면 변장도 마다 않는 기자 정신, 멋지지?

6·10 만세 운동 때의 특종도 유명해. 1926년 6월 10일 순종 임금 장례식을 앞두고 일제는 공공의 안전을 해치거나 죄를 지을 염려가 있는 사람을 경찰에서 가두는 검속을 대대적으로 했어. 우리 쪽에서 만세 운동을 계획하고 있는 것을 눈치챈 거지. 이때 최은희는 우연히 종로 거리를 걷다 고문 경찰로 악명 높았던 종로경찰서 고등계 주임을 발견하고 그 뒤를 밟았어. 그런데 취조실에 잡혀 있는 김기전, 방정환, 차상찬 등《개벽》잡지 관계자들을 발견했지. 그

길로 편집국장 집으로 달려갔고, 이튿날 사회면 머리기사에 그 일을 폭로했어. 천도교 관계자와 학생, 직공 등 80여 명이 체포되고, 밤중까지 10여 회에 걸쳐 100여 명을 검거했다는 내용을 담고 있었어. 이런 게 바로 특종이지. 이 기사로 최은희 기자는 '신문계의 패왕'이라는 칭호를 달게 되었어.

민족 운동에
발 벗고 나서다

최은희 기자는 민족 운동에도 발 벗고 나섰어. 3·1 만세 운동 때 경성여자고등보통학교 학생들의 만세 운동을 이끌어 옥살이를 하고, 고향에 돌아온 뒤에도 만세 운동을 일으켜 투옥되었어. 징역 6월에 집행 유예 2년을 선고받고 출감한 뒤부터 동경 유학 전까지 아홉 차례나 연행 혹은 유치장 신세를 지며 일본 경찰의 집중 감시를 받았어.

1926년에 조선일보를 퇴사하고 1942년에 남편이 세상을 떠나자 바느질과 우표 가게로 삼 남매를 교수로 키워 내는 희생적인 어머니의 모습으로 살기도 했어. 광복 후 다시 사회로 나와 1945년 9월 여권운동자클럽을 만들고, 1946년 5월 서울보건부인회 부회장, 1952년 대한여자국민당 서울시지부장을 지냈어. 조선일보는 그녀의 기자 정신을 이어 가고자 '최은희 여기자상'을 지정해 1984년부터 매년 시상하고 있어.

1
개항장 인천에 들어선
최초의 호텔

호텔(1888)

2
서화가 출신 사진사,
사진관을 열다

사진관(1907)

3
개항장 인천에 자리한
작은 지구촌

만국공원(1888)과 짜장면(1905)

4
다방에서 만난 모던뽀이,
중절모에 딴스를 추다

다방(1909)

5
로마식 원형 극장 본뜬 최초의 옥내 극장

협률사(1902)

제 6 전시실

모던뽀이, 모던껄 탄생하다!

6
개화의 바람 속에 생겨난 신종 직업

이발소(1901)

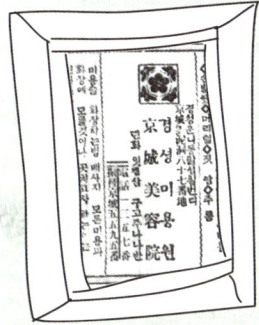

7
얼굴을 곱게 하는 곳에서 지지고 볶는 파마, 신여성의 상징

미장원(1920)

문화와 예술

모던껄 아가씨들 둥근 종다리(종아리)
데파트(백화점) 출입에 굵어만 가고
저 모던뽀이들에 굵은 팔뚝은
네온의 밤거리에 야위어 가네
뚱딴지 서울 꼴볼견 만타
뚱딴지 뚱딴지 뚱딴지 서울….

1938년에 발표된 대중가요 〈뚱딴지 서울〉이란 곡의 가사야.
모던뽀이, 모던껄은 개화기 신세대를 지칭하는 말이었어. 개화기 때 밀려드는 신문물을 접하며 새로운 스타일로 자신의 정체성을 드러내는 최고의 멋쟁이였지. 패션, 문화, 예술 등 모든 분야

에 불어닥친 신(新) 바람의 아이콘이라고나 할까. 그러나 새로운 문화를 누릴 수 있는 사람은 소수였어. 대다수 국민들은 오히려 전보다 삶이 더 고단해졌으니까. 겉으로 보이는 변화는 화려했지만 일본인과 소수의 한국인들만 그 개화의 혜택을 누리고 있었거든. 한편에서는 전통을 잘 계승하며 우리식의 근대화를 이루어야 한다고 주장하기도 했어.

시대가 변하면서 신세대의 모습도, 그들을 지칭하는 말도 끊임없이 변하고 있어. X세대, Y세대니, N세대, I세대 등 시대마다 또 다른 모습의 모던뽀이, 모던껄들이 시대의 변화를 대변하고 있지. 앞으로 또 어떤 이름의 모던뽀이, 모던껄이 등장할까?

1 호텔

개항장 인천에 들어선 최초의 호텔

개항지 인천에 일본인이 세운 우리나라 최초의 근대식 호텔인 대불호텔 건물이다. 경인선 개통 이후 중국인에게 넘어가 중화루라는 요릿집이 되었다.

인천은 개항과 함께 신문물과 외국인이 가장 많이 들어오는 도시가 되었어. 목적지가 어디든 긴 여행 끝에 인천에 도착하면 먹고 잘 곳이 필요하겠지? 이런 필요를 꿰뚫어 본 한 일본인이 인천에 우리나라 최초의 호텔을 지어 성공을 거두었어. 객실과 식당, 서비스까지 최고를 자랑해 조선인들도 큰 관심을 갖는 곳, 신문물과 신문화가 모인 곳 호텔을 만나 보자.

우리나라 호텔의 시작
대불호텔

신문물이 들어오는 관문이던 인천에는 외국인이 수시로 들락거렸어. 철도가 개통되기 전에는 목적지가 어디든 인천에서 하룻밤을 묵게 마련이었지. 개화기 이전의 조선의 숙박 시설은 객주나 주막, 국가 관리들이 이용하는 관(館) 등이 있었어. 새로운 숙박 시설이 필요하다는 걸 깨달은 일본인 호리 리키타로는 인천에 우리나라 최초의 호텔을 열었어. 이것이 1888년에 문을 연 우리나라 최초의 호텔 대불호텔이야. 벽돌로 지어진 3층짜리 건물에 침실과 식당을 갖췄어. 침대가 있는 서양식 객실이 11개, 일본식 다다미방은 240개에 달했

우리나라 두 번째 근대식 호텔인 스튜어드호텔. 사진의 중앙 길 끝에 위치하고 있다. _ ⓒ 인천시립박물관

어. 숙박료는 상급 2원 50전, 중급 2원, 하급 1원 50전이었어. 당시 일본식 여관의 상급 객실 숙박료가 1원이었던 걸 감안하면 무척 비쌌지. 그럼에도 대불호텔은 항상 사람들로 붐볐어. 대불호텔이 호황을 누리자 중국인 이태가 2층짜리 스튜어드호텔을 열었어.

그러나 1899년 경인선이 개통되면서 대불호텔은 급격히 손님이 줄었어. 경인선이 있으니 인천에서 하룻밤을 묵을 필요가 없어졌거든. 대불호텔은 불황을 이기지 못하고 중국인에게 팔렸고, 새 주인은 호텔 건물을 중화루라는 요릿집으로 바꿔서 개업했어.

최초의 서양식 호텔
손탁호텔

대불호텔 이후 최초의 서양식 호텔이 문을 열었어. 바로 손탁호텔이야. 손탁은 프랑스계 독일 여성으로, 대한제국과 러시아의 통역사로 일했어. 손탁은 대한제국에서 국왕 구출 작전(아관파천)을 성사시키고 자신의 집을 항일 운동의 본거지로 제공하는 등 대한제국 독립을 위해 노력했어. 고종은 이를 인정해 1898년 3월 16일 옛 한옥을 헐고 방 다섯 개의 서양 주택을 지어서 하사했어. 손탁은 이 집을 서양식으로 꾸며서 손탁빈관이란 서양식 호텔로 운영했어. 이것이 한국 최초의 서구식 호텔의 시작이야.

정부는 외국 귀빈들을 접대하고 숙박시킬 영빈관이 필요한 상황이었는데,

1902년 지금의 정동교회 뒤편에 세워진 서양식 고급 호텔 손탁호텔. _ ⓒ 서울역사박물관

손탁이 운영하는 다섯 개의 객실로는 턱없이 부족했어. 이에 정부는 1902년 10월, 새로운 2층 건물의 호텔을 지어 손탁에게 경영하게 했는데, 이것이 바로 '손탁호텔'이야. 2층에는 황실의 귀빈을 모시는 객실이, 1층에는 보조 객실·식당·회의실 등이 있었어.

그런데 독립운동에 대한 노고를 치하하여 하사한 주택에서 시작한 손탁호텔은 이후 이토 히로부미가 투숙하며 조선 대신들을 불러내 회유, 협박한 장소로 쓰이기도 했고, 러일 전쟁 때는 나중에 영국 총리가 되는 윈스턴 처칠이 묵기도 했어.

1907

2 사진관

서화가 출신 사진사, 사진관을 열다

우리나라 최초로 사진을 도입하여 중요한 기록 사진을 많이 촬영하여 그 시대를 알 수 있는 중요한 역사적 자료를 남긴 황철의 〈성안 거리〉다. 1880년대경.

신문에 광고를 내고 본격적인 사진관 영업을 시작한 화가가 있어. 천연당 사진관이라는 이름부터 화려함이 선명하게 묻어나지 않아? 화가들도 사진으로 돌아서는 걸 보니 세상이 변하긴 변했네. 천연당 사진관은 개업하자마자 문전성시를 이루었어. 설날 대목 한 달 사이에만 1천 명이 사진을 찍으러 다녀갔다니, 이거 완전 대박이지?

상업 사진관 시대를 연
천연당 사진관

사진 개업 천연당

석정동(소공동)에 사진관을 건설하고 대중소 불변색 각양 사진을
염가로 촬영해 주겠으니 이용해 주십시오.

천연당 사진사 김규진 · 박위진 고백

이게 1907년 8월 20일 〈대한매일신보〉에 실린 천연당 사진관 개업을 알리는 광고야. 아직 조선 사람들에게 사진이니 사진관이니 하는 말들이 낯설어서 알릴 필요가 있었지. 서울인 한성에 이미 일본인 사진관이 있고 몇몇 조선인 촬영국이 생기긴 했지만, 아직도 많은 사람들에게 익숙하지 않았어.

천연당 사진관을 낸 사진사 김규진은 본래 고종 임금의 시종으로 일하면서 신문물을 일찍 접할 수 있었어. 화가에게 사진은 다른 어떤 것보다 파격적인 신문물이었어. 세상이 바뀌었다는 것을 사진을 통해 피부로 느꼈지. 화가가 아무리 정교하게 그린다 해도 사진을 따라잡을 순 없으니까.

천연당 사진관에는 손님들이 끊이질 않았어. 왕실 인사와 여유가 있는 양반들, 그리고 외국인이 많았어. 여자 손님들 중에는 기생들이 많았어. 여자들이 사진관에 오기를 꺼려서 여성 전용 촬영장을 따로 마련하고 사진사도 여성 사진사를 두었어. 여성을 위한 촬영장과 사진사는 반응이 아주 좋아서 소문을 들은 일본인 사진사들이 따라 했다고 해.

부인들은 따로 마련된 방에서 여성 사진사가 사진을 찍는다는 천연당 광고. _ 〈대한매일신보〉 1907년 9월 26일자.

    사진값은 중판 크기의 경우는 1원이 넘었어. 쌀 한 가마가 4원 정도니까 가격이 꽤 비싼 편이지. 사진 재료를 모두 수입해야 해서 가격이 만만치가 않았거든.

    사진관이 많은 것도 아니고 손님도 많으니 부자 되는 건 시간문제였겠다고? 그건 속 모르는 소리야. 사진사는 외상값 때문에 속이 새까맣게 타 들어갈 지경이었다고 해. 사진을 찍고 돈은 나중에 주겠다는 손님들이 많았거든. 사진 재료상에서는 재룟값 달라고 아우성이고 손님들은 외상값 갚을 생각도 안 하니 오죽 답답했으면 〈대한매일신보〉에 이런 광고를 다 냈을까!

고백

사회 각 방면과 학교, 그리고 개인적으로도 우리 동포 형제께서 본 사진관을 사랑해 주셔서 감사하거니와, 사진 대금을 마치 술값 외상진 것처럼 여겨 해가 바뀌어도 갚지 않는 곳이 수백 군데에 이르러 수습할 길이 없고, 수입처에서 재룟값을 달라고 독촉이

> 심해 유지하기가 매우 어려운즉, 간절히 광고하오니 진심으로 애호하시는 여러분께서는 이 사정을 가엾게 여기시고 빨리 대금을 보내 주시기를 바라오며, 앞으로는 우리 동포들에게 사진 대금을 선금으로, 또는 절반 이상을 먼저 받고 영수증을 교부한 다음 촬영해 주겠으니 그리 아시오.

한마디로 외상값 좀 갚으라는 절규였어. 외상값 때문에 운영이 어려워서였을까? 김규진 사진사는 결국 사진을 접고 서화가로 돌아갔다고 해.

서울에 생긴 최초의 사진관
황철 촬영소

천연당 사진관 이전에 '황철'이란 사람이 중국에 갔다가 사진기를 구입해 돌아오면서 일찌감치 촬영소를 냈어. 대안동(지금의 종로에 있는 소격동) 집의 사랑채를 고쳐 1883년에 촬영소를 냈는데, 이때부터 우리 사진의 역사가 시작되었다고 볼 수 있지. 중국에 가서 사진을 익혔다는 게 특이하지? 광산에서 쓸 기계를 사러 갔다가 사진을 알게 되었다고 해. 그 이듬해 저동에 사는 김용원 씨와 마동(지금의 종로에 있는 권농동)에 사는 지운영 씨가 촬영국을 냈다는 기사도 1884년 2월 14일자 〈한성순보〉에 실렸어. 이때는 사진이 좀 더 많이 알려졌어.

그러니까 우리나라 최초의 사진관은 황철 촬영소야. 이를 시작으로 천연당 사진관이 본격적으로 상업 사진관 시대를 열어 지금까지 이르렀어. 요즘은 오히려 사진관을 찾는 사람들이 많이 줄어들었지. 개인 사진기가 워낙 편리하게 발달하고 스마트폰으로 사진을 찍는 것이 일상이 되었으니까. 시간이 더 흐르면 사진관을 찾아보기 힘들어질 수도 있겠다. 박물관이나 역사책에서나 사진관의 모습을 접하게 되는 건 아닐까. 아니면 지금은 찾아볼 수 없는 새로운 형태의 사진 예술을 선보이는 곳으로 탈바꿈할지도…….

3 만국공원과 짜장면

개항장 인천에 자리한 작은 지구촌

1888년 조성된 만국공원(지금의 자유공원)은 한국 최초의 서구식 공원이다. 정상에 서 있는 건물은 1905년 세워진 영국인 사업가 제임스 존스턴의 별장이다. _ ⓒ 인천시립박물관

개항장 인천은 각국 외국인들이 빈번하게 드나들 뿐만 아니라 머물러 살기도 했어. 외국인들이 모여 사는 구역을 따로 정해 '각국지계'라 했는데, 이곳은 인천 속 작은 지구촌 마을 같았지. 인천은 건물이나 공원, 음식점도 이국적인 곳이 많았어. 최초의 서구식 공원 만국공원, 청요리로 불리는 짜장면이 제일 먼저 자리 잡은 곳 역시 인천이었어. 다양한 문화가 공존하던 개항장 인천의 흔적을 찾아 짜장면 먹고 공원 한 바퀴 어떨까?

최초의 서양식 공원
만국공원

요즘엔 동네 가까이에도 크고 작은 공원들이 많아서 산책이나 운동을 즐기는 사람들이 많아. 그러나 개화기 이전에 우리나라에는 공원이 없었어. 공원이란 정부가 환경을 보호하고 국민의 건강과 정서 등을 위해 보호 관리하는 자연지 또는 인공적으로 조성한 공공녹지 공간을 말하는데, 개화기 이전에는 백성들을 위한 공원은 존재하지 않았어. 궁궐 안에 왕과 그 가족들을 위한 정원이나 호수 등을 만들긴 했지만 그것은 공원이 아니라 왕족의 개인적인 공간이었지.

현재 자유공원 정상에 자리한 맥아더 장군 동상.

인천항을 내려다볼 수 있는 석정루.

인천 만국공원은 우리나라에 들어선 최초의 서구식 공원이야. 1888년 인천에 머무르던 외국인들을 위해 마련된 공원이지. 우리 정부가 국민을 위해 만든 최초의 공원은 서울 종로의 탑골공원인데, 만국공원은 그보다 9년 먼저 생겼어.

만국공원을 설계한 러시아인 토목 기사 사바틴은 만국공원을 일본 요코하마의 '항구가 보이는 언덕 공원'과 비슷하게 만들었다고 해. 개항 후 1883년 청과 일본이 선린동 일대에 조계(외국인 집단 거주지)를 설정하자 영국과 미국, 독일도 서둘러 해안 지대와 응봉산 자락 14만 평을 쪼개 각국 조계로 만들었어. 이 조계를 A, B, C, D로 나눴는데, 그중 D 지구에 만국공원이 만들어졌어. 공원다운 모습을 갖추게 된 것은 개항 이후 첫 무역 회사인 세창양행이 서양

1901년 인천에 거주하던 각국 외국인들이 친목을 다지는 사교장으로 사용하기 위해 지어진 제물포구락부의 외관(왼쪽)과 내부 모습이다. _ ⓒ 제물포구락부, 방방곡곡

식 사택을 짓고 사교 클럽인 제물포구락부가 들어서면서부터야. 구락부는 클럽의 일본식 발음이야. 구락부는 1901년에 인천에 거주하던 각국 외국인들이 친목을 다지는 사교장으로 사용하기 위해 지었어. 벽돌로 된 2층 건물에 사교실·도서실·당구대 등을 마련했고, 따로 테니스 코트도 있었어.

만국공원은 일제 강점기에 서공원으로 불렸고, 광복 후에는 다시 만국공원으로 불리다 1957년에 인천 상륙 작전을 기념하는 맥아더 동상을 세우고 자유공원으로 이름을 바꿨어.

최초의 짜장면은
공화춘

1884년 중국인이 5천여 평에 청국 조계지를 설정하면서 중국요리집들이 생겨나기 시작했어. 특히 인천항에서 일하던 부두 노동자들이 음식점의 단골이었는데, 이들을 위한 값싸고 간편한 음식으로 개발한 것이 바로 짜장면이야. 짜장면은 중국의 된장인 미엔장으로 비벼 먹는 작장면(炸醬麵)과 달리 달콤한 캐러멜을 첨가해 묽게 만든 소스가 특징인데, 이것이 한국인들의 입맛까지 사로잡아 폭발적인 인기를 누렸어.

짜장면을 가장 먼저 개발해 팔기 시작한 곳은 '공화춘(共和春)'이란 중국음식점이야. 공화춘은 1908년 중국 산동 출신인 우희광이 22세에 개업한 '산동회관'에서 출발했어. 당시 산동회관은 음식뿐만 아니라 인천항을 오가는 각국의 무역상들이 먹고 자는 숙소 역할도 했기 때문에 고향을 그리워하는 많은 화교들이 찾았지.

산동회관이 '공화춘'으로 이름을 바꾼 것은 1911년 1월 15일 청나라가 중화민국으로 바뀌면서부터야. '공화춘'은 차이나타운을 대표하는 중국요리집으로 호황을 누리다 1983년에 문을 닫았어. 그러나 짜장면은 여전히 값싸고 맛있는 음식의 대명사로 자리매김하고 있지.

2012년 보수 공사를 거쳐 '짜장면 박물관'으로 새롭게 문을 연 공화춘 모습이다. _ ⓒ JIW

다방 4

다방에서 만난 모던뽀이, 중절모에 딴스를 추다

개화기엔 멋 좀 부린다 하는 모던뽀이, 모던껄은 모두 이곳에 모인다고? 새로운 맛 좀 아는 사람들도 이곳으로 달려간다고 하네! 그게 어디냐고? 바로 다방이야. 처음에는 커피라는 새로운 음료에 끌려서 모여 들었는데, 점차 신문물을 접하는 장소가 되었어. 새로운 맛과 멋이 있는 곳, 근대의 핫플레이스 다방으로 나들이 한번 가 볼까?

조선철도호텔 내에 있던 근대적인 다방 풍경이다._ⓒ 한국콘텐츠진흥원 문화콘텐츠닷컴

문화와 예술_ 모던뽀이, 모던껄 탄생하다!

제일 처음 문을 연
다방은 어디?

우리나라에서 커피를 처음 마신 사람은 고종이라고 알려져 있어. 1896년 아관파천 때 러시아 공사관에 머물며 처음 커피를 접한 후 커피 애호가가 되었다고 해. 그때부터 왕실과 고위 관리들, 상인들 사이에서 커피가 전해졌을 것으로 보여.

그 후 대불호텔과 손탁호텔 등 서양식 호텔이 출현하면서 커피가 상업화되었어. 돈을 주고 사는 상품이 된 거야. 그렇긴 해도 호텔은 외국인이나 서양 문물에 밝은 소수의 사람들만 이용하는 곳이었으니 커피는 누구나 접할 수 있는 상품은 아니었지.

그 후 '다방'이란 곳이 문을 열면서 커피는 누구나 살 수 있는 상품이 되었어. 대한제국에서 문을 연 최초의 다방은 1909년에 개업한 남대문 역 기사텐이야. '기사텐'은 다방을 뜻하는 일본말이야. 1909년 11월 3일 발행된 〈황성신문〉은 조선 최초의 다방인 남대문 역 다방의 개업일을 기록하고 있어.

> 茶座開設 南大門停車場에ᄂᆞᆫ 一日붓터 喫茶店을 開設 ᄒᆞ얏다더라.
> 다좌개설, 남대문 정거장에는 1일부터 기사텐을 개설하였다더라.

기사텐이라는 이름에서 짐작할 수 있듯이 이것은 일본인이 운영하는 다방이었어.

한국인이 문을 연
최초의 다방 '카카듀'

한국인이 운영하는 다방은 기사텐에 비해 한창 늦은 1927년에야 문을 열었어. 영화감독 이경손이 인사동에 낸 다방 이름은 '카카듀'. 이곳은 국적도 뜻도 쉽게 짐작할 수 없는 이름부터 사람들의 호기심을 불러일으켰어. '카카듀'란 이름을 두고 사람들은 러시아어라는 둥, 스페인어라는 둥, 투우사의 애인 이름이라는 둥, 근거 없는 추측을 쏟아 냈지. 전해지는 말에 따르면 '카카듀'는 프랑스혁명 때 경찰의 눈을 피해 모이던 비밀 아지트 가운데 한 술집의 이름이었다고 해.

카카듀는 이름만큼이나 실내 장식도 특이했어. 국적 불명의 여러 장식이 어우러져 묘한 분위기를 자아냈다고 해. 카카듀는 커피와 차를 파는 것 말고도 전람회나 문학 좌담회 등 문화 예술 행사를 위한 장소로 쓰이기도 했어.

중절모 쓴 모던뽀이,
다방에서 딴스를 추다

일제 강점기에는 일본인들이 주로 남촌에 많이 살았고, 상가도 한국인 상점가와 일본인 상점가가 나뉘어 있었어. 일본인 상점가에는 서양 문물과 문화가 빠르게 들어와 한국인들도 일본 상점을 점차 많이 이용했다고 해.

다방의 경우도 일본인들이 많은 남촌에 주로 생겼는데, 1930년대에 들어서면서 한국인 상점가가 모여 있던 종로에도 여럿 생겨나기 시작했어. 이즈음의 다방은 단순히 커피나 차를 마시는 곳이 아니라 전화나 맥주, 담배, 재즈 음악 등 신문물을 접하는 곳으로 자리 잡았어. 양복에 대모테 안경, 중절모를 쓴 '모던뽀이'들은

> **대모테 안경** 바다거북과의 한 종류인 대모의 등껍질로 테를 만들어 쓴 안경.

　다방에서 재즈 음악을 듣고 맥주를 마시며 '딴스'를 추기도 했지. 다방은 '모던 뽀이'와 '모던껄'의 아지트와 같았어.

　문학인들도 다방을 모임 장소로 이용하곤 했는데, 시인 이상은 제비다방을 직접 운영하며 문학 모임을 주도하기도 했어.

1902

5 협률사

로마식 원형 극장을 본떠 만든 우리나라 최초의 국립 극장 협률사. _ ⓒ 한국콘텐츠진흥원 문화콘텐츠닷컴

로마식 원형 극장 본뜬 최초의 옥내 극장

요즘엔 남녀노소 할 것 없이 영화나 공연 관람을 취미로 갖는 사람들이 늘어나고 있어. 크고 작은 공연들이 다양하게 펼쳐져 사람들의 문화적인 자극을 충족시켜 주고 있어. 그러나 제대로 된 극장이 없던 시절에는 예술가나 관객이나 늘 목마름이 있었어. 1902년에 이르러서야 우리나라에 원형 극장이 문을 열면서 그 목마름이 해소되기 시작했지. 고종 임금 40주년 경축 행사를 위해 특별히 마련된 원형 극장에 소리 좀 한다 하는 명창들이 죄다 모인다고 하네. 어디, 신명 나게 한판 놀아 볼까? 얼쑤~!

최초의 국립 극장, 협률사

협률사는 서울 정동(현재 새문안교회 자리)에 있던 한국 최초의 국립 극장이야. 고종 임금 40년을 경축하기 위해 로마식 원형 극장을 본떠 2층 500석 규모로 지은 극장이지. 경축 행사 때 외교 사절을 초청해 성대한 공연을 치르기 위해 마련한 장소였어. 건물 외벽을 동그랗게 벽돌로 쌓고 지붕은 뾰족한 삼각형 모양으로 얹어 이국적인 분위기가 나도록 했어. 앞쪽에 무대가 있고 삼단으로 만들어진 관객석과 준비실이 갖추어져 있었어.

고종은 협률사 공연에 큰 기대를 걸었던 것 같아. 당시 명창으로 알려진 김창환, 송만갑 등에게 직접 지시를 내려 전국의 예인들을 협률사에 모이도록 했어. 이를 관장하는 '협률사'란 기구까지 두었다니, 꽤 조직적으로 공연을 준비했던 거지. 170여 명의 예인이 모여 협률사 전속으로 급료를 받으며 공연을 준비했어.

공연은 성대하게 치러졌냐고? 아니! 별안간 콜레라가 유행하는 바람에 행사는 연기되고, 이듬해는 보리 흉작에 러시아·일본 관계가 악화되면서 기념 행사는 흐지부지되었어.

그 후 협률사는 대중적인 공연장으로 탈바꿈했어. 협률사에서 맨 처음 공연한 작품은 〈소춘대유희〉인데 유료 공연이었고 신문에 광고까지 냈어. 〈소춘대유희〉는 특정 작품이 아니라 기녀들의 춤과 판소리, 명창들의 판소리, 곡예 등 전통 공연이 복합적으로 어우러진 공연이었어. 그러나 1903년 2월부터는 배우들의 공연이 중지되고 기생들의 예능만 공연되었어. 대중의 기호와 재정적

협률사에서 공연하던 단원들의 모습.
_ ⓒ 한국콘텐츠진흥원 문화콘텐츠닷컴

인 이유로 춤과 노래뿐만 아니라 영화도 상영했지.

　1903년 여름에 영화 상영 중 전기 파열로 사고가 나면서 문을 닫았다가 대중의 요구로 다시 문을 여는 등 협률사는 운영이 원활하지 않았어. 1906년에 다시 문을 열었지만 공연장 겸 사교장이 된 협률사가 사회 풍기 문제를 계속 일으켜 1906년 4월 25일에 완전히 문을 닫았어.

　협률사 건물은 2년 후에 '원각사'란 이름의 극장으로 다시 문을 열게 되었어. 원각사는 1908년 11월 15일 '한국 신연극의 효시'로 불리는 〈은세계〉란 작품을 무대에 올렸어. 하지만 별 주목을 받지 못하고 막을 내린 뒤 한동안 공연을 쉬다가 독립운동 단체인 국민회 본부 사무소로 사용되기도 했어. 그러다 1909년 11월에 결국 문을 닫았어. 그리고 1914년 화재가 나면서 원각사 건물은 완전히 소실되고 말았지.

그 후 1958년 원각사란 이름이 다시 등장하는데, 지금의 명동 입구 근처에 원각사란 이름의 소극장이 세워졌어. 지금은 소극장 하면 대학로를 떠올리는데 시작이 명동이었다니, 새롭지? 원각사 소극장은 정부가 민족 예술을 발전시키고 외국인에게 소개할 목적으로 설립했어. 안타깝게도 원각사 소극장도 1960년에 화재가 나서 소실되었어.

영화관의 등장

오늘날 영화는 남녀노소 편하게 즐길 수 있는 대중 예술로 손꼽혀. 연극이나 뮤지컬, 발레 등의 공연장보다 더 자주, 더 편하게 찾는 곳이 영화관일 거야. 그런데 우리나라에 처음 영화가 상영되기 시작할 때는 그 반대였어. 기계 기술을 이용해 움직이는 사진이 상영되는 영화관은 사람들에게 호기심과 상상력을 선사하는 아주 특별한 공간이었지. 화면 속에서 사람이 살아 움직이는 비밀을 이해하기는 어려웠지만 새로운 예술로서 사랑받았어.

1903년 6월 23일자 〈황성신문〉에 영화 광고가 실렸어.

> 동대문 내 전기 회사가 기계창에서 시술하는 활동사진은 매일 하오 8시부터 10시까지 설행되는데 대한 및 구미 각국의 도시, 각종 극장의 절승한 광경이 구비하외다. 허 입료금(입장요금) 동화 10전.

우리나라 최초로 영화가 상영된 것은 적어도 이 광고가 실린 1903년 혹은 이 이전으로 보고 있어. 활동사진으로 불리던 영화는 사람들의 호기심을 한껏 불러일으켰어.

우리나라 최초의 영화관은 1906년 한미전기회사가 동대문 안에 만든 '활동사진 관람소'가 그 시작이야. 임시 극장이긴 했지만 전차 승객을 늘리기 위해 해설까지 곁들여서 초기의 미국 영화를 많이 상영했어.

그 후 상설 영화관이 여럿 생겼는데, 일본인이 많은 남촌에는 어성좌, 경성좌, 개성좌 등 일본식 이름의 극장이 들어서고, 조선 사람들이 많이 살던 북촌에는 단성사(1907), 장안사(1908) 등이 문을 열었어. 무성 영화가 많이 수입되고 사람들 사이에 흥행하자 영화의 해설자인 변사가 등장했지. 이 시기에 상영된 영화는 수입된 외화가 전부였어.

1923년에 이르러 비로소 줄거리와 극적인 요소를 갖춘 영화가 나왔어. 조선총독부 체신국의 돈으로 만들어지기는 했지만 윤백남의 〈월하의 맹서〉는 최초의 한국 영화로 자리매김하며 우리나라 무성 영화 시대의 막을 열었어.

1907년 북촌에 문을 연 영화관 단성사의 1930년대 모습이다.

지금은 찾아보기 힘든 옛 이발소 풍경. _ ⓒ 김수범

이발소 **6**

개화의 바람 속에 생겨난 신종 직업

멋 좀 낸다 하는 사람들이 가장 신경 쓰는 게 뭔지 아니? 바로 머리 모양이지. 머리는 옷보다도 인상을 좌우하는 아주 중요한 요소니까. 1895년에 성인 남자들의 상투를 자르라는 단발령이 내려졌는데, 이때 반발이 심했어. 그래서 2년 만에 단발령은 취소되고 자율에 맡겼어. 이때부터 남자들의 머리 모양에 대한 고민이 시작되었어. 그래서 등장한 신종 직업이 있었으니, 바로 이발사야. 인사동에 최초의 이발소가 개업한 이야기, 만나 보자.

문화와 예술_ 모던뽀이, 모던껄 탄생하다! 217

상투를 잘라, 말아?

1895년에 단발령이 내려졌을 때 고종 임금이 솔선수범하여 상투를 자르고 서양식 머리 모양을 선보이셨는데, 죽어도 상투를 못 자른다며 진짜로 죽음을 선택한 사람들이 있었다고 해. 단발령에 반발해 아예 머리를 빡빡 깎은 사람들도 있었어. 그러자 단발령 2년 만에 두발 자유화로 돌아섰지. 그러니까 상투를 자르든, 빡빡 밀든 맘대로 하라는 거야. 그런데 이때부터 머리 모양에 대한 남

성들의 고민이 시작되었어.

상투를 자른 사람들은 상투만 자르고 그 아랫부분을 그냥 놔두어 무슨 야만인처럼 보였어. 그걸 어찌하지 못하니 점점 더 흉해지는 건 말할 것도 없고. 평생 머리와 수염을 깎아 보지 않은 조선 남자들은 참 곤란한 상황이었어. 이미 상투를 잘랐으니 정말 이러지도 저러지도 못하고 흉한 몰골을 어쩌지 못했던 거야.

조선에 여행을 온 영국인 비숍 여사가 쓴 탐방기를 보면 '상투만 자르고 옆머리가 무성한 병사들이 마치 야만인처럼 보인다'는 기록이 있어. 외국인의 눈

에 확연히 드러날 정도였으니 당시 남성들의 모습이 흉하긴 흉했던 모양이야.

이발소에 다녀오니
나도 모던뽀이

그런 상황에서 머리를 잘라 주는 이발소가 개업했어. '유양호'란 이발사가 지금의 인사동에 '동흥이발소'를 연 거야. 금세 소문이 퍼져서 한성은 물론 인천에서까지 손님들이 몰려왔어. 상투를 자른 뒤 머리를 어쩌지 못해 당혹스러운 남성들에게 이발소는 한 줄기 빛과 같았지.

양반들은 이발사를 집으로 불러 머리를 맡기고, 서민들은 이발소에 직접 가서 머리를 잘랐어. 상투가 없어져 지저분한 머리는 금세 모던뽀이 저리 가라 할 정도로 멋진 머리가 되었어.

그 모습에 자극받은 상투맨들도 상투를 자르는 용기를 냈는데, 상투가 잘려 나갈 땐 대성통곡을 하는 남자도 있었다고 해.

'상투 짜 줌,
배코도 침'

그러던 어느 날부터 이발소에 이상한 문구가 하나 나붙기 시작했어. '상투

짜 줌, 배코도 침'. 상투를 짜 준다는 건 상투를 틀어 올려 준다는 말이고, 배코도 침은 면도칼로 머리를 박박 밀어 주겠다는 뜻이야.

상투를 잘랐던 사람들 중에는 머리를 서양식으로 다듬지 않고 짧은 머리라도 다시 상투를 틀기 원하는 사람들이 있었어. 하지만 윗머리를 이미 싹둑 잘라 놔서 누군가의 도움이 필요했던 거야. 그런가 하면 이참에 아예 밀어 달라는 사람들도 많았어.

동홍이발소 이후 한국인 이발사들이 늘어나고 이발소가 속속 생겨났는데, 신기하게도 모든 이발소에는 '상투 짜 줌, 배코도 침'이라는 문구가 꼭 붙어 있었다고 해.

7 미장원
얼굴을 곱게 하는 곳에서 지지고 볶는 파마, 신여성의 상징

'전발'이라 불렸던 파마머리를 한 여성들이 길거리를 활보하는 모습을 풍자하고 있다. _ ⓒ 한국콘텐츠진흥원 문화콘텐츠닷컴

남성들에게 이발소가 있다면 여성들의 미모 관리는 단연 미장원이지. 미장원 하면 이발소처럼 머리를 매만지는 곳인 줄 알았는데, 최초의 미장원은 머리가 아니라 얼굴을 곱게 치장해 주는 곳이었어. 신문 광고까지 냈다는데, 여성들의 미모 관리가 어떻게 이루어졌는지 미장원으로 고고씽!

얼굴을 곱게 하는 곳이올시다

1920년 7월 29일자 〈동아일보〉에 미장원 광고가 실렸어.

> 경성미용원은 얼굴을 곱게 하는 곳이올시다.

경성미용원의 광고 카피는 미장원 이름과 영업의 목적을 밝히는 간단명료한 문장이야. 광고에는 '운니동 87번지'라는 위치도 명확히 나와 있어. 주근깨, 기미, 주름, 비듬, 미용술, 화장하는 법, 마사지 등 모든 미용과 화장에 대해 모르는 것이나 고치고자 하는 이가 있으면 전화나 편지로 문의하라는 글귀도 있어. 무료로 가르쳐 주겠다고 말이야. 이 광고는 한 번으로 그치지 않고 수차례 게재되었어.

운니동이라면 창덕궁 앞 동네로 궁궐과 관련된 여성들이 많이 살았어. 소리꾼이나 악기를 연주하는 사람, 점쟁이, 장례식과 관련된 일을 하는 사람들도 근처에 모여 살았고. 경성미용원은 드러내 놓고 손님들을 받기보다는 필요한 사람이 불러서 시술을 받는 방식이었을 것으로 보여.

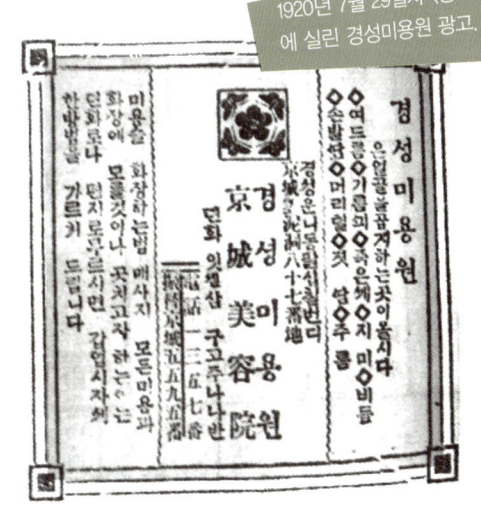

1920년 7월 29일자 〈동아일보〉에 실린 경성미용원 광고.

백화점 미용실,
파마를 하다

그 후 본격적인 미용실 영업을 시작한 사람으로는 '오엽주'라는 여성이 있어. 그녀는 일본에서 공부하고 돌아와 1933년에 화신백화점 안에 '오엽주미용실'을 내고, 1937년에는 처음으로 파마를 선보인 것으로 유명세를 탔어. 그녀가 최초로 파마를 했다는 정확한 기록은 없지만, 오엽주미용실에서 본격적으로 파마를 시술했기 때문에 최초로 파마를 했을 것으로 추측하고 있어.

그녀는 영화배우를 지망했다가 일본으로 건너가 미용 기술을 배웠는데, 화신백화점에 최초로 미용실을 내기 전에 쌍꺼풀 수술을 하고 색깔 안경을 쓰고 하이힐을 신는 등 유명한 모던걸 중의 한 명이었어.

파마는 전기로 지진다 해서 '전발'이라고 했는데, 대개는 '지지고 볶는다'는 표현을 썼어. 오엽주가 파마 시술을 시작하자 내로라하는 장안의 모던걸들이 앞다투어 머리를 맡겼어. 배우, 무용가, 의사, 교사 등 이름만 대면 아는 여성들이 대부분이었지. 파맛값이 5원 정도로 금가락지를 사서 낄 정도의 금액이었으니 부유층 여성들이 아니면 꿈도 꾸지 못했어.

파마를 하고 나면 대부분의 여성들은 선뜻 미용실 밖으로 나오지 못하고 주위를 두리번거렸다고 해. 어떤 이는 어둑해질 때를 기다려 인력거를 불러 집으로 향하기도 했어. 신여성이라고 해도 머리가 구불거리는 모습을 자신 있게 내보이는 데는 용기가 필요했나 봐.

오엽주가 처음 시술한 파마는 단순히 새로운 머리 모양에 그치지 않고 여성들의 삶과 의식 구조에도 영향을 미칠 만큼 파급력이 컸어. 마치 남성들의 단발령만큼이나 말이야.

조용한 아침의 나라를 깨운
개화당 인물 열전

박규수 1807~1877

영·정조 시대의 실학을 계승하고 19세기에 개화사상을 이끈 인물이다. 《열하일기》를 저술한 연암 박지원의 손자이기도 하다. 박지원은 북학파로 알려진 실학의 대가이며, 이는 손자인 박규수의 학문에 큰 영향을 미쳤다. 박규수는 양무운동(서양의 문물을 수용해 부국강병을 이루자는 운동.)이 전개된 청나라의 문인들과 활발히 교류하면서 개화사상을 발전시켰다. 관료로서 최고 자리인 우의정을 끝으로 현직에서 물러난 후, 북촌에 있는 자신의 집에서 김옥균·박영효·서광범 등과 함께 급변하는 세계정세를 논하며, 무력 충돌을 통해서라도 자주적인 개혁을 해야 한다고 주장했다. 그러나 1875년 운요호 사건과 강화도 조약을 겪으며 조선의 현실에 크게 낙심한다. 1877년(고종 14년) 2월 9일 일흔을 갓 넘긴 나이로 생을 마감했다.

유홍기 1831~?

오경석의 영향으로 신학문을 접했고, 1870년 초부터 박규수의 사랑방에서 박영교·김윤식·김옥균·박영효·홍영식·유길준·서광범 등 영민한 양반 자제들에게 개화사상을 교육했다. 그의 지도를 받은 개화당은 1884년 12월 4일 마침내 갑신정변을 일으켰다. 그러나 갑신정변은 청군의 개입과 정변에 개입한 일본군의 배신, 그리고 국민의 지지 결여로 12월 6일 실패함으로써 개화당의 신정부는 '3일 천하'로 끝나고 만다. 유홍기는 갑신정변의 실패를 알고 12월 6일 밤 집을 나간 이후 행방불명이 되었다. 갑신정변 실패 후 수구파들이 개화당 인사들을 참살할 때 사망한 것으로 추정된다.

오경석 1831~1879

조선의 역관이자 서화가이다. 조선 말기 개화사상을 전파하는 역할을 했다. 그의 아들 오세창은 33인의 독립운동가 중 한 명으로 활동했다. 중인(中人) 출신으로 역관이 되어 청나라를 왕래하며 신학문에 눈을 떴다. 청나라의 세계지리서인 《해국도지(海國圖志)》,《영환지략(瀛環志略)》 등의 서적을 들여와 친구인 유홍기에게 읽게 하고, 김옥균·박영효·홍영식 등에게 개화사상을 전파하며 개화파 형성에 기여했다. 1876년 한학당상역관으로 좌의정 박규수와 함께 나라의 문호 개방을 주장하여 강화도 조약을 체결하게 했다.

민영익 1860~1914

명성황후의 친정 조카로서 개화기 개화 업무를 이끌었고 후에는 고급 관료로서 영향력을 발휘했다. 임오군란 후 박영효와 함께 사절단으로 일본에 파견되어 3개월간 일본의 개화 진행 상황을 시찰했다. 또한 미국 방문단으로 뽑혀 홍영식·서광범·변수·유길준 등 개화파 인물들과 같이 선진 문물 도입에 역할을 했다.

미국에서 돌아온 후에는 고급 관료직을 맡으면서 보수화하여 개화파를 압박하는 입장이 되었다. 갑신정변 때 온몸에 자상을 입어 목숨이 위태로운 상황에서 미국인 의사 알렌(H. N. Allen)의 치료를 받고 회복했다. 정치 노선 등의 문제로 반대파에 몰려 중국 망명 생활을 하다 상해에서 생을 마쳤다.

서광범 1859~1897

일찍이 박규수·오경석·유홍기 등의 영향을 받아 김옥균·박영효 등과 개화당을 만들었다. 1882년 김옥균과 박영효와 함께 일본을 시찰했다. 그 후 보빙사 민영익의 종사관으로 미국과 유럽 각국을 순방했다. 1884년 12월 개화당의 일원으로 갑신정변을 일으키지만 실패로 돌아가자 일본으로 망명했다.

1894년 동학 농민 혁명을 계기로 청일 전쟁이 일어나자 일본 외무성의 주선으로 귀국했다. 김홍집 내각의 법부대신, 학부대신 등으로 임명되지만, 1896년 국왕의 아관파천으로 친일 내각이 무너지면서 7개월 만에 공사직에서 해임되었다. 폐병의 악화로 미국에서 생을 마감했다.

일본 체류 중에 찍은 사진이다. 왼쪽부터 박영효·서광범·서재필·김옥균이다.

유길준 1856~1914

우리나라 최초로 일본과 미국에 국비 유학을 다녀왔으며 유럽과 동남아시아 등을 두루 시찰했다. 이러한 경험을 바탕으로 《서유견문》이라는 최초의 국한문 혼용의 서양 견문록을 썼다.
청소년 시기에 외할아버지의 주선으로 박규수의 문하에 들어가면서 신학문을 접하고 개화사상에 눈을 떴다. 청나라의 세계지리서 《해국도지》 등 개화와 관련된 책들을 읽으면서 기존의 가치관에서 벗어나 세계정세에 관심을 가지게 되었다.

일본 유학 후 통리교섭통상사무아문의 주사를 지냈으며, 박영효와 함께 〈한성순보〉 발간을 도모했으나 박영효의 좌천으로 그 뜻을 이루지 못했다.
갑신정변 주동자들과의 친분으로 체포되어 7년간 외부와의 접촉을 제한당하고 감시당하는 생활을 하면서 이때 《서유견문》을 집필했다. 그 후에는 김홍집 내각의 갑오경장에 참여한다. 이때 민씨 세력과 대립하여 대원군 편에 섰다가 아관파천 후 간신히 목숨을 건져 일본으로 망명했다. 1910년 국권을 빼앗기자 나라를 잃은 자괴감에 모든 활동을 접은 채 1914년 숨을 거두었다.

홍대용 1731~1783

조선 후기 실학자이자 과학 사상자로 북학파의 선구자다. 어려서부터 수학과 천문학 등 과학 분야에 학식을 쌓았고, 노장·불교·양명학에도 관심을 가졌다. 작은아버지를 따라 청나라에 가게 되면서 학자들과 교류하며 청의 학문을 받아들였다. 저서 《의산문답(醫山問答)》에서 상대주의 인식을 정리한 이용후생을 주장했다. 그는 지동설(地動說)이 조선에 들어오기 전에 이미 이를 받아들여 지전설(地轉說)을 주장하고 우주무한론을 주장하여 천문학과 자연 과학을 발전시켰다. 또한 중국이 천하의 중심이라는 중화사상을 배척했다. 그는 서양 과학이 정밀한 수학과 정교한 관측에 근거하고 있음을 간파하고 《주해수용》이라는 수학서를 썼다.

청나라 문인 엄성이 그린 홍대용의 모습이다.

김홍집 1842~1896

조선 말기 개화 정책을 이끌고 내각의 우두머리로 개혁을 주도했다. 서양 문물을 받아들여 나라를 부강하게 만들어야 한다는 신념이 강했으나, 지나치게 일본에 의존하고 백성들의 반발을 사면서 개혁은 실패로 돌아갔다.

1867년 문과에 급제해 벼슬길에 나섰고, 1880년 외교 사절로 일본을 방문하여 선진 문물에 큰 충격을 받았다. 일본에서 가져온 《조선책략》을 고종에게 바치며 조선의 개화를 주장했다. 《조선책략》은 일본에 머무르던 청나라 외교관이 쓴 책으로, 조선이 부강해지기 위해서는 청과 일본, 미국과 협력해 러시아를 견제하고 서양 문물을 받아들여야 한다는 조언이 담겨 있었다.

1894년에 동학 농민 혁명이 일어났을 때 수습의 책임을 맡아 내각을 구성하고 그때부터 정치 개혁을 단행했다. 그러나 일본에 기대어 급하게 추진한 개혁은 백성들의 불만을 샀다. 특히 을미사변과 단발령에 대한 반발로 전국 곳곳에서 의병 항쟁이 일어나게 되었다. 1896년 고종의 아관파천으로 친러 내각이 들어서면서 김홍집 내각은 무너지고 김홍집은 군중들에게 살해되었다.

김윤식 1835~1922

조선 말기 개화파 지식인의 한 사람으로 온건 개화파의 중심인물이었다. 김옥균 등 급진 개화파가 1894년 갑신정변을 일으키자 청의 지원군으로 이를 제압했다. 1881년 영선사로서 청나라에 파견된 것을 시작으로 청나라, 러시아 등과의 외교에 참여했으며, 1894년 갑오개혁 이후에는 김홍집 내각의 외부대신으로서 개혁 정치에 힘을 쏟았다. 그러나 1898년 친러파에 밀려 10년간 제주도에 유배되었다가 1907년 특사로 풀려나 대제학에 발탁되는 등의 곡절을 겪었다. 1896년 이후 서재필 등과 함께 독립협회 활동에 참여하고, 1908년 중추원 의장을 역임했으며, 1919년 3·1 운동에 참여하여 옥고를 치르기도 했다.

어윤중 1848~1896

개화파의 스승인 박규수의 영향을 크게 받고, 김홍집·김윤식·김옥균·홍영식과도 깊은 교류를 가졌다. 1881년 일본에 파견된 조사 시찰단(신사 유람단)의 단장으로 일본의 신문물 제도를 시찰했고, 1882년 청나라와 조청상민수륙무역장정을 체결, 갑오개혁 때 탁지부대신으로 재정 개혁을 주관했다. 경제 개혁을 통해 부국강병을 이루고자 했던 조선 후기 재정 전문가다.

을미사변 이후 1896년 아관파천으로 갑오개혁 내각이 무너지자 일본으로의 망명을 거부하고 고향 보은으로 피신하던 중 살해되었다.

박영효 1861~1939

김옥균과 함께 19세기 말 개화 운동의 대명사로 불렸으나, 끝내는 변절한 친일파의 거두로 활동하다 생을 마감한다.

박영효는 개화사상의 산실이었던 박규수의 사랑방을 드나들면서 김옥균·서광범·홍영식·유길준 등과 함께 개화당을 결성했다. 임오군란 후 일본의 배상금 문제를 해결하기 위해 수신사로 일본에 가게 된다. 일본으로 가면서 고종의 명으로 태극팔괘의 도안을 기초로 우리나라 최초로 국기를 제작했다. 일본에 머물면서 일본의 근대화 시설을 보고 큰 충격을 받아, 조선 역시 개화를 통해 자주와 부국강병을 이루어야 한다고 확신했다.

박영효는 급진 개화파와 함께 갑신정변을 일으키지만 '3일 천하'로 끝나면서 일본으로 망명한다. 그 후 청일 전쟁이 일본의 승리로 끝나면서 10여 년의 망명 생활을 끝내고 조선으로 돌아와 김홍집 내각의 내부대신이 되었다. 그러나 조선에서 일본의 세력이 점차 줄어들고 러시아의 입김이 강해지자 박영효는 김홍집을 몰아내고 스스로 총리대신서리가 되었다. 1895년 박영효는 을미개혁을 단행하여 각 방면에서 개혁을 추진했지만, 명성황후의 암살 음모를 꾸민다는 누명을 쓰고 다시 일본으로 망명했다.

1907년 일본 망명 12년 만에 다시 귀국하여 1910년 일본에게 국권을 빼앗기자 박영효는 친일파로 돌아섰다. 일본 정부로부터 후작의 작위와 거금의 매국 공채를 받고 조선총독부의 중추원 고문이 되었다. 1918년에는 조선식산은행 이사로 취임했다. 말년을 친일파의 거두로 산 박영효는 1935년 조선총독부가 편찬한 〈조선공로자명감〉에 조선인 공로자 353명에 수록되었고, 사망 후에는 일본 정부에 의해 정2위 훈1등으로 추서되었다. 추서는 죽은 뒤에 관등을 올리거나 훈장을 주는 것을 말한다.